U0931977

整全心靈醫治系列

葛琳卡 著

情緒四重奏

同行生命中的憂怒哀樂

基道出版社

▼

整全心靈醫治系列

情緒四重奏

同行生命中的憂怒哀樂

作者
葛琳卡 Katherine Kot

責任編輯
李慧儀

內文設計
陳琦

裝幀設計
奇文雲海 · 設計顧問

■

出版 / 發行
基道出版社
香港沙田火炭坳背灣街 26 號富騰工業中心 10 樓 1011 室
LOGOS PUBLISHERS
Unit 1011, 10/F, Fo Tan Ind. Centre, 26 Au Pui Wan St., Shatin, Hong Kong
電話：(852) 2687-0331 傳真：(852) 2687-0281
網址：https://www.logos.com.hk

承印
海洋印務有限公司

●

1/2007 初版
Cat. No. LP754A
ISBN-10: 962-457-321-2
ISBN-13: 978-962-457-321-3

刷次	18	17	16	15	14	13	12	11	10	9
年份	2032	2031	2030	2029	2028	2027	2026	2025	2024	2023

獻給

神——謝謝祢的醫治教導之恩

父母——感謝你們的養育栽培之恩

人心中的情

勾起絲絲的回憶

一片一片往日的舊事

一段一段反覆的心結

理還亂，斬不斷

分不清是昨日，還是今日

也不知為甚麼

我的心境被甚麼所牽動

變成不能改變的悲哀！

嘗試勇敢面對真正的自己

接觸內在隱藏的傷、隱藏的痛

在苦中隱隱約約，傳來生命的音符

憂怒哀樂的情緒，澎湃起疊

卻奏出生命的動力！

蕭序

我們對情緒的認識，多是按自己個人的經歷作出一些猜測，又或是以個人的眼光觀察別人，產生一些片面的觀點。因此，面對情緒這個課題，我們容易跌入不少謬誤與無知當中。

有一些基督徒以為，既然聖經勉勵我們以善良溫和的態度待人，便當盡量克制一切的情緒，以持久保持一種穩定的情緒狀況作為努力的目標，因而不自覺地否定了情緒的正面價值，又或拒絕承認自己的情緒，多年積壓的情緒在意想不到的時刻爆發出來，產生極大的對己對人的傷害。

聖經所描述的主耶穌並沒有情緒？明顯是不。馬可福音三章講及一羣人要尋找把柄去控訴耶穌，要看耶穌是否會在安息日醫治病人。耶穌知道他們的動機，只為執著一些人的規條，而竟然不顧拯救生命的重要性與急切性。聖經說：「耶穌怒目周圍看他們，憂愁他們的心剛硬。」——一種對人妄顧生命價值的憤怒，一種為別人剛愎頑梗，不願反思自己的憂愁。

情緒是上帝所創造完整的人的一部分，當適當地處理個人的情緒時，可以產生很寶貴的生命果效，正如人內心對別人的憐憫之情，可促使人付出偉大的扶助生命的行動。然而在今天的社會中，眾多破碎家庭所引發的扭曲了的情緒表達，一代接一代地學效延展，在多方面阻礙了人格的正常發展與人際關係，實在叫人痛心。

《情緒四重奏》從多個層面探討有關情緒的成因、情緒的種類與運作、情緒的調節與轉化、情緒的關懷與成長等，嘗試全面地認識情緒對個人的影響，並且引介出一條成長之路，讓情緒轉化成一種健康而且可以正面發揮的生命動力。

書中描述我們的大腦如何儲存情緒，當個人經歷憂傷事情之時，憂傷的情緒若未能得到適當的處理，低沈的情緒便會儲存起來，在再一次經歷憂傷時，便會以疊積效應強烈地浮現出來，甚至讓當事人也驚訝自己的反應；同樣，長期積壓而未能化解的憤怒，也會在微小的衝擊之下，傾瀉而出——這些對情緒運作的理解，對認識自己情緒極為重要，並且也會因明白了情緒的運作而產生積極處理積壓了的負面情緒的動力。

現代人今天受到個人情緒的牢籠、困擾，嚴重程度往往過於我們所能想像。教會及社會需要更多談論情緒的書籍，幫助我們認識情緒，轉化情緒，讓情緒成為個人成長及靈性成長的助力而不是阻力。這書是一本很適切現代人需要的好書，其中豐富的內容，各章後的成長練習。不單可以幫助個人在情緒生活上成長，也可以幫助更多人知道如何關懷在情緒苦困中的人。願上帝賜福這書，成為多人的祝福。

蕭壽華
宣道會北角堂主任牧師

自序

整全心靈醫治系列的出版，與拉法基金的異象緊緊相扣，基金會藉著三階段的課程，幫助情緒受困擾者經歷耶穌的醫治：第一階段基於這本書，讓讀者從心理學的角度了解和掌握自己的情緒；第二階段是基於《曠野之旅——生命中的情緒更新》，鼓勵讀者透過四十天的靈修將自己的情緒交給上帝掌管；第三階段基於《生命更新的醫治——與耶穌共渡生命中的憂怒哀樂》，讀者將透過這本習作簿全面地檢視自己的人生。拉法基金會亦舉辦整全心靈醫治系列課程，這些課程可以讓你與其他同路人一起看書、上課及討論。我誠意鼓勵你參加這些課程。若想查閱開課時間或其他詳細資料，你可以瀏覽基金會的網頁www.raphahk.org，或致電(852) 2600-4288。如你未能抽空參加課程，亦可購買講座的DVD於家中觀看。

情緒常常給人難以駕馭的感覺。我們常常聽到一些聖經的教導或別人好意的忠告：把過去難過傷心的事忘記，對憤憤不平的事釋懷，把不好的情緒揮去，忘記背後，向著標竿直跑！這些忠告和好意的背後，往往帶著一種誤解，認為情緒是誤事的壞東西，只會使人無法理智地處理事情，因此，我們該設法抑壓或否認情緒的存在。人們以為可以透過理智控制情緒，但是卻往往未能真正解決情緒的困擾，一個不留神，那叫人懊惱的情緒不知從哪兒又再湧出來！

另一種極端的理論，尤其盛行於六十年代，認為理性帶來心靈的痛苦和捆綁，人應該要為自己而活，想做就做，不要控制自己的感受，情緒要透過發洩，才能平伏下來，放縱自己的感受才可以活出真正的自己，才會快樂！這種今朝有酒今朝醉的生活模式，卻往往帶來影響深遠的困擾。究竟情緒對人是好抑或是壞？是幫助人還是拖累人？沒有情緒的人又是否沒有煩惱呢？過分縱容情緒又會否傷害自己呢？

面對這些似是而非的道理，我發現情緒的課題並不是三言兩語可以解釋清楚的，因此，我決定綜合聖經對神的情緒的理解、心理學對情緒的臨牀研究、大腦神經學對情緒的解讀，以及自己對情緒的臨牀經驗，希望讓讀者全面地認識情緒，以致可以改善處理情緒的能力，並且更能發揮神在創造中給我們最寶貴的禮物。

情緒與我們息息相關，每時每刻與我們共同面對生活的每一天，可以成為我們親密的戰友，幫助我們迅速組織接收的資訊，增加適應求生的能力；也可以成為我們的敵人，捆綁我們，使我們被情緒煎熬，痛苦萬分。因此，這是我們每一個人都要關注的課題，在這本書的第一頁，有一個心理測試，幫助讀者了解對自己情緒的認識，情緒對自己生活質素的影響，從而可以了解自己在這方面的需要，幫助自己更能發揮自己的潛質。

這本書是從一個概括整合的角度去探索情緒的奧祕：第一章描述情緒是神所創造的，神也有情緒的表達，所以，情緒是神與人溝通的渠道，意識和明白自己的情緒所象徵的意義是首要的條件。第五章詳細地討論人的防衛機制如何阻擋自己去意識不被接納的情緒，以致造成自己、人及神的隔膜；而第六章側重幫助讀者去增加對情緒的意識，從而接納，以致在明白及表達情緒的過程中，幫助人打開隔膜，建立與自己、人和神溝通的渠道。

情緒是千變萬化的，第一章對情緒的分類和定義有詳細的介紹，幫助讀者掌握基本情緒，並且發現不同情緒往往互相緊密相連，互相帶動。例如：有些受助者的情緒徵狀表現是緊張和憂慮，這緊張和憂慮的背後，原來隱藏著受助者過去在情緒上或身體上被虐待的經歷，因此他們對人或新的事物有較多的恐懼，不敢表達自己的感受和想法。於是恐懼是他們最能夠感受的情緒，然而，被虐待的悲哀和憤怒卻因而被埋藏在恐懼之下。直至到透過心理治療，減低了恐懼的感受後，憤怒和哀傷的情緒會慢慢地浮現，第三章以適應性的角度為不同情緒的緊密關係作出分類，幫助讀者辨別哪些情緒是健康且具適應性的，能幫助人向前邁進；哪些是防衛性、操控性或停滯困擾性的情緒，雖然它們能助人發揮求生的本能，但若是長期使用，會變成非適應性情緒，阻擋生命成長。

一般人對情緒的理解有限，並且容易有扭曲的想法，因為這是一個深奧而又鮮有教導的課題。情緒實在是一份非常寶貴的禮物，不但在溝通及建立關係上扮演重要角色，並且是人生存的基本元素，為人的生存、需要和化解問題提供重要的資訊，也為人帶來生命的色彩、意義和價值，並且提供生命的方向。第二章對情緒的功能及大腦中的運作有詳細的解說，讓讀者明白情緒對人智力、記憶力及創作力的提升，扮演著重要的角色。

第四章是較為艱深和理論性的，能為有興趣的讀者提供一個全面的理解：從生理機能的感官系統、圖像及語文的情緒記憶系統，以及文字的概念系統，去理解情感、認知、動機、意義、思想及信念如何整合為一，形成人的自我觀念。至於沒有興趣深入研究的讀者，也可以略讀一遍，取其概念便可。

第七章集中討論可以如何面對痛苦的情緒，不再需要逃避、轉移或扭曲這情緒。我們可以透過靜觀情緒技巧、支援情緒技巧、行為改變情緒技巧等方法，停止內在的負面思想，藉安慰的歷程去幫助困擾者正面地去處理痛苦的情緒。

一旦恐懼痛苦的情緒可以被正視，停留呆滯的困擾性情緒便可以轉化為健康的適應性情緒。第八章細緻分析防衛性情緒的組合模式，以及兩種因創傷形成的自我觀念：「弱的我」和「壞的我」。持這兩種自我觀念的人有一定的情緒組合模式，明白自己的模式可以幫助自己突破：轉化負面思想、更新深層信念、轉化困擾性的情緒、設立界限和有建設性地表達內在需要和核心情緒。

這本書不只是寫給有情緒困擾的讀者，也是為有心關懷情緒困擾者的朋友、家人、組長、同工及牧者而寫的，希望教會及同行者可以發揮醫治的果效，給予困擾者一雙接納、了解、明白和肯定的手，與他們同行生命中的憂怒哀樂。第九章也是為此目的而寫的，幫助同行者更掌握如何與困擾者共處，明白真正的關懷所包含的重點及同行者所需要具備的條件。

在每一章的結尾部分有成長練習，讓讀者透過檢視自己的生命，可以更加掌握每一章的重點，也希望團契或小組可以一起研讀和分享成長練習的答案，能夠彼此鼓勵、支持和幫助，加深彼此認識，一起同行和互助彼此成長。

最後，我謹在此向以下人士表達我的謝意，他們是：

我的老師巴刻教授(Prof. James I. Packer)，

他幫助我從神學的角度去明白神的情緒。

我的牧者蕭壽華牧師，他對我的鼓勵和支持。

我的摯友何善斌牧師解答我的聖經疑問。

謝謝高妙燕姊妹和劉麗瓊姊妹的同行。

最後，我要感謝

曾經讓我分享他們生命中的憂怒哀樂的人，

是他們豐富了我對情緒這個課題的掌握和了解！

葛琳卡

二○○六年冬

於香港心悅坊心理中心

目錄

心理測試：你認識自己的情緒嗎？

	是	否
1. 你是否認為情緒是很麻煩的東西，有時令你摸不著頭腦，不知為何會很不開心或心煩？	☐	☐
2. 面對身邊情緒化的朋友，他們的情緒會否令你覺得很煩，有時甚至不知所措？	☐	☐
3. 你的朋友／家人曾否批評你情緒化？	☐	☐
4. 你是否常感到鬱悶，而又不知為何有此感受？	☐	☐
5. 對於別人的痛苦，你會否有時感到無動於衷、不為所動？	☐	☐
6. 你是否覺得自己有時太敏感，很容易因別人的一句說話而介懷和不開心？	☐	☐
7. 別人是否常常稱讚你「好人」、「就得人」、「無所謂，容易話為」？	☐	☐
8. 你是否脾氣暴躁，或偶然會突然很嬲，大發脾氣？	☐	☐
9. 你是否覺自己情緒平穩到沒有起伏的程度，沒有甚麼特別開心或不開心，對感受已然麻木？	☐	☐
10. 你是否覺得自己缺乏創意？	☐	☐
11. 你是否感到難以學習新知識，不容易融會貫通？	☐	☐
12. 在情緒低落時，你的想法會否變得極端，不容易想到正面的思想？	☐	☐

13. 你是否感到情緒影響你的工作／學習表現，當靈感到時，很快能夠完成，沒有“mood”時，則不能有效率做事？ ☐ ☐

14. 無論事業或學業的發展，你會否對將來的方向感到迷惘，不知該如何選擇？ ☐ ☐

15. 你會否感到聽不到神的聲音，不知道神對你的生命有何旨意？ ☐ ☐

16. 你會否感到不容易集中精神在你的學業或工作上？ ☐ ☐

17. 你是否容易憂慮將會發生的事情？擔心自己健康、事業或學業，家庭或婚姻？ ☐ ☐

18. 你是否感到與人關係較疏離，難有知己朋友？ ☐ ☐

19. 你是否感到與神關係較疏離，難以親近神？ ☐ ☐

20. 你是否感到生命乏力不滿足，未能發揮你自己？ ☐ ☐

21. 你是否常常感到無奈，被生命很多的矛盾所困擾，很難作出抉擇？ ☐ ☐

如果你回答「是」的次數是：

☐ 4次或以下

你非常了解自己的情緒，生活愉快暢順，能夠發揮自己，很有能力去關懷被情緒困擾的人。如果這個描述不很完全切合你的情況，這分數也可能反映你對自己的情緒狀態未盡為意，沒有注意到自己某些情緒徵狀；也可能你的智慧性高，未能承認某些問題。

☐ 9 次或以下

你仍有進一步認識自己的情緒，更有效去發揮自己潛質的空間。

☐ 14 次或以下

你需要正視自己的情緒如何影響你的生活質素，也影響你靈命的成長！參加成長小組、情緒工作坊及退修，閱讀有關的書籍幫助自己。

☐ 15 次以上

情緒的困擾嚴重影響你的生活，除了以上的建議外，值得考慮尋求專業的輔導、心理治療，幫助你化解困擾。

1

情緒的乾坤

1.1. 情緒是與生俱來的

仔仔年僅兩歲半，他一進入餐廳時已看到門口的魚缸，並且被裏面那些五彩繽紛的魚所吸引。整個晚上，他在飯桌上都記掛著門口的魚缸，但是外婆就坐在他的旁邊，他不敢放肆，恐怕會被她責罵。他的情緒資訊告訴他，這刻要安靜地吃飯，保持一個和諧的關係。好不容易吃完飯，找個藉口溜離了座位，仔仔開始向魚缸的方向移動，企圖去跟魚兒玩耍。但是途中要爬下很多梯級，傭人不斷阻擋他的去路。他的情緒評估環境仍然安全，繼續不斷朝向目標。好不容易，爸爸看到仔仔想要走下樓梯的行動傾向，於是帶著仔仔下去看魚。正看到興高采烈之時，爸爸宣佈要離開，仔仔於是放聲大哭，表達不滿，堅持要看魚。爭持不久後，外婆和其他人離開飯桌，走下樓梯，當仔仔看到外婆後，立刻停止哭聲，情緒發出感到不安全的信號，仔仔知道需要調節自己的行為傾向，接受不能看魚的事實。

情緒是與生俱來的，每一個人都有情緒。人的情緒反應，反映出他對外在環境的評估、內心世界的需要和動機，也往往是帶動行為或反應的背後動力。情緒是人求生的本能，我們甚至可在年幼嬰孩的身上看到情緒。這顯示情緒的表達和評估，是將外在資訊組織起來，再進行內在的自我調節，如此便構成嬰孩回應環境變化的行為，他們會發出適當的信號去影響別人的行為，從而達到自己的需要。

仔仔去看魚的動機和需要很清晰，但是他評估在吃飯的時候不能離開、外婆會罵他、會有危險，於是他控制自己的需要，待吃完飯後，乘著一個適當的時機溜走。但是，要爬下梯級對他來説非常困難，傭人不停阻止他，但仔仔並沒有氣餒，他想去看魚的需要仍然發出強烈行動的信號，驅使他繼續堅持下去。好不容易得到爸爸的幫助，順利達到目標。當他被迫要離開時，情緒感受的傾向是放聲大哭，因為過往的經驗告訴他，爸爸是安全人物，不會打罵他，大哭大鬧也可以使爸爸就範，拖延離開魚缸的時間。但是，當外婆抵達後，仔仔的情緒意識到，哭鬧下去會有被外婆責罵的危險，他需要停止這個行動的傾向，停止哭鬧，接受離開的事實，免得被外婆罵。

1.2. 神也有情緒的表達

1.2.1. 耶和華神的情緒

我們不單可以從人的經驗中體會情緒的能力，聖經裏亦有多處記載，描述神人關係中，神面對人的罪，祂也有喜怒哀憂等不同的情緒反應：

(1) 喜悅：聖經中多處表達神的喜悅。當以色列民悔改，歸向耶和華，祂就喜悅。(申三十10；結十八23) 大衛與拔示巴行姦淫，他們悔改後生了兒子所羅門，「耶和華也喜愛他〔所羅門〕，就藉先知拿單賜他一個名字叫耶底底亞，因為耶和華愛他」(撒下十二24下～25)。所羅門王求賜智慧的禱告蒙神所喜悅。(王上三10) 神對耶穌的水禮表達喜悅：「從天上有聲音說：『這是我的愛子，我所喜悅的。』」(太三17)

(2) 憤怒：對於人犯罪偏離真道，耶和華往往表達出憤怒的情緒(賽九16～17；出三十二9～10)。當以色列人偏離神的道，他們列祖沒有聽從這書上的言語，沒有遵著書上所吩咐他們的去行，耶和華就向他們大發烈怒(王下二十二13下)。耶和華向所羅門發怒，因為「他的心偏離向他兩次顯現的耶和華以色列的神。耶和華曾吩咐他不可隨從別神，他卻沒有遵守耶和華所吩咐的」(王上十一9下～10)。對於約伯的朋友議論，耶和華表達：「我的怒氣向你和你兩個朋友發作，因為你們議論我不如我的僕人約伯說的是。」(伯四十二7下)

(3) 哀傷：神之所以憂傷，也是圍繞著人對神的叛逆、離棄真道、轉拜人手所做的偶像(出三十二1～8)。「耶和華見人在地上罪惡很大，終日所思想的盡都是惡，耶和華就後悔造人在地上，心中憂傷。」(創六5～6)

(4) 擔憂：人的罪也令神擔憂。「他們竟悖逆，使主的聖靈擔憂。他就轉作他們的仇敵，親自攻擊他們。」(賽六十三10) 神因以色列人受的苦難，「就心中擔憂」(士十16下)。

巴刻(James I. Packer)指出，聖經描述神的憂怒哀樂，乃是祂對子民所表達的情緒反應，顯示神的生命裏，有著能夠與人的情緒經驗和表達互通的層面。[1]但是神的思想和情緒的運作，是遠超人的意念和想像的，耶和華說：「我的意念非同你們的意念；我的道路非同你們的道路。天怎樣高過地，照樣，我的道路高過你們的道路；我的意念高過你們的意念。」(賽五十五8～9)我們不能夠想像神內在的運作，不能夠像人與人的關係那樣，透過溝通和理解，洞察對方的思想和情緒運作。雖然如此，但極其重要的是，神是創造和設計者，而我們又是照祂的形像被造。因此，祂能夠和我們的情緒互通，並且邀請我們在基督裏以孩子的情感回應祂的愛、思想和意志。

神設立人的情緒系統，以至神可以透過人所能夠明白的語言和情緒的經歷，去表達和彰顯祂自己，打開彼此溝通和認識的渠道。並且，透過這個系統，神容讓人去明白和感受祂對人的愛，也讓人可以透過情緒的表達去回應祂的愛，建立親密相愛的關係。

1.2.2. 耶穌的情緒

神是聖父、聖子及聖靈三位一體的真神。每一個位格都有獨特的角色，面對神人關係，祂們也有不同的情緒反應。除了聖父耶和華有憂怒哀樂的情緒，聖子耶穌基督在世上三十三年的日子中，亦充分表現祂完全的神性和人性(Fully Divine Fully Human)，祂也像神和人一樣，有全面的情緒感受。(本章的練習三已詳列出耶穌曾表達不同情緒的經文，見本書頁19。)

耶穌的情緒反應也是圍繞著祂與人的關係，以及面對祂拯救世人的重任而起的。祂看到眾人要窺探祂在安息日醫治不醫治，祂「怒目周圍看他們，憂愁他們的心剛硬」（可三5上）；面對拉撒路的死，馬利亞的哀哭，「耶穌看見她哭，並看見與她同來的猶太人也哭，就心裏悲歎，又甚憂愁……耶穌哭了」（約十一33、35）；面對撒但從天上墜落的異象，「耶穌被聖靈感動就歡樂」（路十21上）；為到人的罪，耶穌「大聲哀哭，流淚禱告，懇求那能救他免死的主，就因他的虔誠蒙了應允」（來五7下），並且是「何等地迫切」（路十二50下）；面對自己十字架的死，耶穌也感到「驚恐」（可十四33）。

1.2.3. 聖靈的情緒

聖經中敍述聖靈情緒的經文不多，其中所提到聖靈曾表達的情緒包括：神的靈因人的悖逆而擔憂（賽六十三10）；祂也會為信徒擔憂，保羅曾勸勉信徒：「不要叫神的聖靈擔憂；你們原是受了他的印記，等候得贖的日子來到」（弗四30）；扶持軟弱的信徒，親自用說不出的歎息替他們禱告（羅八26下）。

1.3. 情緒是神的創造

情緒是人可以與神或人建立心靈的關係的必要元素。一個失去情緒感受的人，他也失去了與人在心靈上建立親密關係的能力。在本書第六章中，我們會探討沒有情緒的悲哀。人是照著神的形像和樣式而造的（創一27），情緒是神給予人的一份特別禮物，以致人能夠和神心靈相通，可以明白神和順從祂的旨意。神的創造實在奇妙，情緒除了是讓人懂得如何與人建立關係的能力之外，情緒也提供其他重要的功能，幫助人去履行管理這個世界的任務（創一28）。

一般人都不甚理解情緒的種類、功能、運作、歷程、防衛機制，並對此有很多扭曲的理念和誤解，因此難以處理、調節和轉化情緒。本書往後的篇幅，將透過心理及腦部神經學的研究和分析，為讀者提供清晰的理念和認知，以致對情緒的運作——亦即神奇妙的創造之一——有更多的掌握，能夠運用情緒去發揮自己的潛能和善用恩賜。

1.4. 情緒的定義

若要理解醫學上的「心病」，情緒是一個很重要的概念。歷史早已證明，在身體與精神的關係中，情緒扮演著重要的角色。精神病學科的診斷和疾患的分類，部分也是根據情緒的觀念和分類。例如美國精神科學會（American Psychiatry Association）將所有精神及心理的疾患分類，排列於一本名為《精神疾病診斷準則手冊》（*Diagnostic and Statistical Manual of Mental Disorder - IV*；簡稱*DSM-IV*）之內。[2]在這本手冊中，以情緒來定下分界的疾患分類條目，有焦慮性疾患（anxiety disorder）和情感性疾患（mood disorder），情緒徵狀也是界定病人是否符合疾患的其中一項條件。

對於心理治療理論，情緒的概念也是關注的核心。無論是因人際關係、工作和學業表現問題，導致情緒低落、失眠、食慾不振、精神不能集中，甚至可能有自殺傾向；或是因情緒處理不當，導致驚恐、呼吸困難、心悸、出汗、頭暈；還是因脾氣暴躁，導致人際關係出現問題，直接影響工作、家庭關係與婚姻。受助者尋求心理治療，原因往往與情緒的處理有關。

雖然情緒是精神科及心理科的重要概念，但是對於情緒的定義，不同心理學家的答案並未能有一致的共識。《大英百科全書》(*The Encyclopedia Britannica*) 指出，相比對其他心理學的課題，我們對情緒的認識是較不完整的。[3]其中最具爭議性的是情緒的理論，甚至研究情緒現象的學者也避免討論情緒的源由及理論。德雷弗 (James Drever) 於心理學的字典中解釋情緒：「雖然不同的心理學派〔對情緒〕有不同的解釋和形容，但是他們一致認為，情緒是生物體的複合狀況，包含身體不同性質的改變 (呼吸、脈搏、腺的分秘等)，及精神上的表現 (興奮或不寧的狀況)，帶著強烈感受的信號和經常帶動傾向其中一種行為的表現。如果情緒非常強烈，也會干擾智力，形成某程度的分解和趨向原始行為的傾向，任何超越這個的描述，可能進入爭議性的範疇。」[4]

德雷弗的定義較描述性，集中注意情緒所帶來的生理狀況，缺乏從情緒的功能和運作的角度去理解。據格林伯格 (Leslie Greenberg)、賴斯 (Laura Rice) 和埃利奧特 (Robert Elliott) 形容，情緒乃是出於自動的評估而引起行動的傾向，評估的範疇包含外在環境及內在關注兩方面。[5]情緒首先察覺外在或內在的顯著改變，如需要繼續收集和處理有關資料，情緒會先評估外在環境的變遷，然後評估個人適應改變的能力。

1.5. 情緒、感受、情感與心情

人們通常將情緒與感受 (feeling) 混為一談，雖然兩者往往會交替地出現，但是在定義上，兩者是有些分別的。感受是情緒的一部分，是可以察覺和命名的，並且隨同象徵的信號而產生，以致我們可以用言語將它表達出來。它有其導因及目標，是隨著某種情感經歷而來的感覺或身體狀態，是我們可以意識到的，但是，那得視乎我們在那一刻是否注意及感到興趣。

卡斯特 (Verena Kast) 指出情感 (affect) 是比感受更為原始的本能，它帶著一種強烈度，容易引起身體或社交的反應。[6] 情感是一個複雜、強烈、原始的情緒反應，隨同身體的反應或移動。在人的意識和理性之外，指引人的行為傾向。它是自動化操作以致往往人不理解自己的感受和行為，我們的理性和認知容易受情感的影響，以致會產生矛盾和非理性的表現。

心情 (mood) 形容人的身體和心理狀況，代表整個人的經歷，反映人與周遭的人和世界的關係。心情也是情感和感受的背景，但它不會帶動行為傾向。心情可以被形容為情感的狀態 (state affect)。我們往往形容心情有如天氣：心情感到陰沉、不明朗或陽光燦爛。

而情緒則是一個統稱，包含了感受、情感和心情。雖然我們未必能夠察覺到它，但那種情緒狀態依然存在，能牽動及刺激我們。所以，情緒是指我們的心情和情感狀態，而感受就是我們去體驗這一種狀態時所得的感覺。

1.6. 情緒是甚麼?

情緒是每天每時每刻不斷地發生和改變的，它被大腦的神經系統主導，往往發生於我們的認知以外。在非意識的情況下，人能自然地產生情緒。情緒的感應往往比語言的資訊來得更快。例如一個人聽到別人逝世的消息，他即時的反應是流淚，這個人可能驚訝於自己的反應，反省之後，才明白自己有這種哀傷的情緒，是因為不捨得這段失去的關係，隨後他才可以用言語表達他的哀傷。另一個例子是：當一個人看到別人很憤怒的時候，他便一縷煙跑開，走了之後，他再作反省，發現原來那是由於當時自己內心有一種恐懼的情緒。意會到危險迫近，於是他的情緒便驅使他採取立刻離開的行動。

心理學家的研究顯示，情緒是人際關係行動上的傾向，企圖維持或改變我們與環境的關係。情緒自動評估自己所關注的外在環境，幫助自己適應外在的變遷，增加求生能力、管理內在目標和溝通的動機。尤其在社交聯繫的基礎上，情緒能不斷提供關於我們與別人聯繫的信息給我們。[7]我們每一樣的表現，都反映出我們內心對某件事物、人或景況的一種感受，因此，透過我們的情緒反應，我們開始會洞悉到自己內心的需要和目標。

1.7. 情緒的分類及分化

心理學家威廉・詹姆士 (William James) 在一八八四年發表〈情緒為何物？〉(“What is Emotion?”)，在文章中提出一項見解，指出情緒大致可分為兩個層次：[8]

第一層次的四種基本情緒包括：悲傷、恐懼、憤怒和愛，這四種的情緒分法亦較為粗略；而在第二層的情緒則由第一層的四種情感互相組合而成，因此較為「細緻」和複雜。

艾克曼 (Pual Ekman) 和弗里森 (Wallace Friesen) 對情緒的研究，在一九七五年有了新的突破，他們尋找到一個量度情緒的可靠方法：衡量人的面部表情。[9]透過研究不同種族人士的面部表情，他們將基本天賦情緒分為六大類，那就是：憤怒、恐懼、悲哀、厭惡、驚訝和喜樂。這些基本情緒被認為是全人共有的，並且是天生的：瞎眼的嬰孩雖然從未見過憤怒或憂傷的表情，但是卻能以相似的面部表情來表達那種情緒；不同文化的人雖然用不同的語言或理念去形容同一種情緒，但是他們表達該情緒時，面部表情卻是一樣。雖然不同的人和不同文化語言的人有不同的情緒反應和表達方式，但是當人看到別人的面部表情，就會立刻明白表情背後的情緒，跨越語言的溝通就自然產生。

一個剛剛出生的嬰孩，他們並不懂得用言語去表達自己，啼哭是他們最早的情緒行為，隨著身心的成長，可以漸漸分辨到他們開心、不開心、嬲怒、恐懼，甚至妒忌的情緒。布雷吉斯 (K. M. B. Bridges) 的研究發現，約在三個月內，嬰孩的原始激動情緒開始分化為痛苦和快樂兩個範疇；到六個月大，痛苦的情緒再細分為恐懼、厭惡和憤怒。[10]當嬰孩一歲時，快樂的情緒又細分出高興和喜愛。再過半年後，痛苦的情緒又再多分出嫉妒的分支。到兩歲時，快樂的情緒又再分生出喜悅的層次。

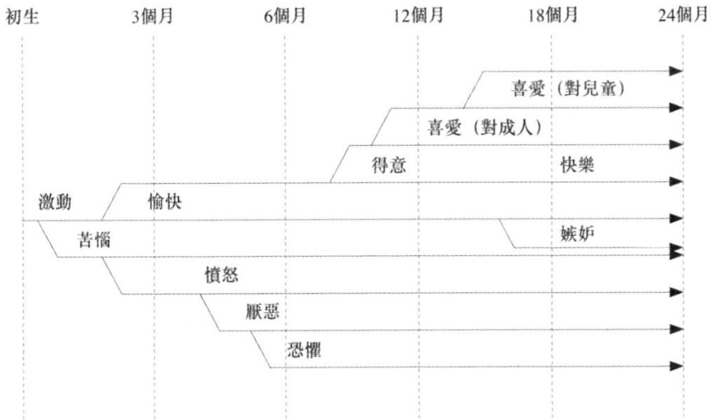

初生 3個月 6個月 12個月 18個月 24個月

喜愛（對兒童）

喜愛（對成人）

得意 快樂

激動 愉快

苦惱 嫉妒

憤怒

厭惡

恐懼

圖一：嬰幼兒期情緒分化圖

對於由哪些情緒構成第一層基本情緒，不同作者有不同的看法。筆者也讚成威廉．詹姆士把情緒分為兩個層次的見解，但是卻並不同意他把愛列為是四種基本情緒的其中之一。因為愛是一個較複雜的情緒感受，嬰孩大概一歲時才有喜愛成人或兒童的情緒，要嬰孩明白愛這個抽象的觀念，那就需要更長的時間了。因此，我會選擇將「愉快」列為基本情緒，來取代「愛」在基本情緒的位置，因為愉快、苦惱、憤怒和恐懼，都是嬰孩在六個月大時已分化出的情緒。

潘克斯比（Jaak Panksepp）透過心理生物學的研究，提出基本情緒可能是由原始基因在大腦中排列出既定的路線而形成的。[11]相對地，大腦的理性思維的組織，對既定的情緒記憶路線只有適度的影響，並不能完全控制情緒的反應。潘克斯比的研究，主張已有足夠的證據去指出，大腦中有四或五條既定的情緒記憶路線：

(1) 搜尋——期待——好奇——調查系統
(2) 憤怒——狂想系統
(3) 焦慮——恐懼系統
(4) 分離——煩惱——悲傷——苦痛——慌亂系統和可能
(5) 社交——遊戲系統

這些研究的結果，似乎印證了一些對基本情緒分類的見解是正確的。潘克斯比的研究結果，也肯定了愉快、苦惱、憤怒和恐懼的四種基本情緒，並且加添驚訝／好奇為第五種基本情緒，這個結果也與艾克曼和弗里森的研究一致。綜合以上的理解，我們可以釐定以下五種情緒是基本情緒，它們分別是：悲傷、恐懼、憤怒、愉快和驚訝。

綜合情緒例如：尷尬、驕傲、嫉妒、狂妄、憐恤、愛和內疚等等，是由基本情緒互相組合而成的，但是傳統和社會文化認知的評估也會干擾這些綜合情緒的形成，因此，綜合情緒會因應文化上的差異而有所不同。例如：對於哪些行為是讓人羞愧的，在不同文化裏會有不同的定義。怨憤包含了兩種基本情緒，那就是憤怒和悲傷，但是，怨憤亦摻雜了對自己的認知所作的評估、自己在這件事的責任和表現等，而這些評估的能力是從學習而來的，亦即是受外界的社會文化環境所影響。

我從臨牀心理治療經驗裏發現到，要幫助治療者更容易掌握自己的感受，先從第一層的基本情緒作為認知過程的切入點，是比較容易的。因為基本情緒是年幼時最先生出的情緒，也是較為熟悉的情緒。而第二層的綜合情緒，因為較為細緻，所以，要透過更深的經歷才會漸漸掌握得到。然而，綜合情緒結合了很多的資訊，混雜了不同的情緒和認知，能讓人對自己和世界有一個高度的認知，雖然它不能像基本情緒那樣提供行動傾向，但是卻能夠提供豐富的資訊。

成長練習

以下的練習可以單獨反思或用作小組討論之用。

練習一

1.1. 每一件在我們身邊發生的事，都會引起我們的情緒反應，只是程度不同而已！嘗試去問自己，這刻我有甚麼感受？某件事究竟對我的情緒有甚麼影響？

事件／別人的反應：____________________

____

感受：__________________________

____

1.2. 查看自己所寫的感受是思想還是感受。如果所寫的是思想而不是感受，請嘗試從以下五種基本情緒其中選擇一種來形容你的情緒狀態：

A.愉快　B.悲傷　C.恐懼　D.憤怒　E.驚訝

1.3. 如果自己傾向以表達思想來代替感受的話，則適宜多練習第1.1.題，並且經常以五種基本情緒來幫自己的感受作出分類。

練習二

嘗試從過往的經歷中，去回想起以下五種的基本情緒，並記下其中的經過：

(1) 愉快：＿＿＿＿＿＿＿＿

(2) 悲傷：＿＿＿＿＿＿＿＿

(3) 恐懼：＿＿＿＿＿＿＿＿

(4) 憤怒：＿＿＿＿＿＿＿＿

(5) 驚訝：＿＿＿＿＿＿＿＿

練習三

3.1. 請以經歷的密度來排列五種基本情緒(愉快、悲傷、恐懼、憤怒和驚訝)，1是最常經歷到的情緒，5是較少經歷的情緒。

(1) ＿＿＿＿＿＿＿＿

(2) ＿＿＿＿＿＿＿＿

(3) ＿＿＿＿＿＿＿＿

(4) ＿＿＿＿＿＿＿＿

(5) ＿＿＿＿＿＿＿＿

3.2. 透過禱告及反省，嘗試去理解為甚麼自己較少感受到最後的一或兩種情緒。面對這一兩種比較陌生的情緒，你會否感到不安？在你的童年經歷中，是否時常感受到父母表達這類情緒，而令你不喜歡這類情緒？又或是父母較少表達這類情緒？自己是否最討厭別人表達這類情緒？可以祈求聖靈引導和顯示，使你更明白自己的情況。

＿＿＿＿＿＿＿＿

＿＿＿＿＿＿＿＿

練習四

以下是從莫里恩(Dick Mohline)分析耶穌情緒的索引中，總結耶穌在新約聖經中曾表達的不同的情緒：[12]

情緒		經文	希臘原文
愉快	歡樂(Glad)	路十21；約十一15	χαιρω
	喜樂(Joy)	約十五11，十六24，十七13	χαρα
	所愛的人(Love)	約十一3，二十2	φιλεω
	愛他人(Love)	可十21；約十一5，十三1，十三34，十四21，十五9～10，十五12，二十一7、20	αγαπη
	信心(Marveled)	太八10；可六6；路七	θαυμαζω
	平安(Peace)	約十四27，十六33	ειρηνη
	感動(Rejoiced)	路十21	ηγαλλιασατ΄ω
憤怒	憤怒(Anger)	可三5	οργη
	烈怒(Fury)	啟十九15	θυμοσ
	惱怒(Indignation)	可十14	αγανακτεώ
悲傷	傷痛(Agony)	路二十二44	αγωνια
	憐憫(Compassion)	太九36，十四14，十五32，二十34；可六34，八2；路七13	σπλαγξνιζομαι
	哀哭(Cried)	來五7；約十一43	κραυγη
	悲歎(Deeply Moved)	約十一33、38	εμβριμαομαι
	難過(Depressed)	太二十六37；可十四33	ασημονεώ
	大聲哀哭(Fear)	來五7	ευλαβεια

	大聲喊著(Forsaken)	可十五34	εγκαταλειπω
	憂愁(Grief)	可三5	συλλυπεομαι
	餓了(Hunger)	太四2，二十一18；可十一12；路四2	πειναω
	憂傷(Sad)	太二十六38；可十四34	περιλυποσ
	歎息(Sighing Deeply)	可八1	αναστεναζω
	憂愁(Sorrow)	太二十六37	λυπεω
	受苦(Suffering)	太十六21，十七12；可八31，九12；路九22，十一23，二十四26；來二9～10、18，五8；彼前二21	πασχω
	體恤(Sympathy)	來四15	συμπαθεω
	大聲哀哭(Tears)	來五7	δακρυών
	渴了(Thirsty)	約十九28	διψαω
	憂愁(Troubled)	約十一33，十二27	ταράσσω
	困乏(Wears)	約四6	κοπιαω
	哭(Wept)	約十一35	δακρυω
憂慮	驚恐(Amazed)	可十四33	εκθαμβεω
恐懼	迫切(Pressure)	路十二50	συνεχομαι

練習五

5.1. 將描述耶穌表達四種基本情緒的經文，作為靈修主題。默想經文，嘗試代入耶穌的處境，你會有甚麼感受呢？你的感受可以有別於耶穌的回應。

____

____

5.2. 如果你的感受與耶穌的不同，請嘗試代入耶穌的感受和角度去看當時的處境，你會有甚麼體會？是甚麼令你與耶穌有不同的感受？

____

____

5.3. 嘗試從自己生活中，找尋有關這四種基本情緒的經歷。然後問自己：如果耶穌在我的情景中，祂會有甚麼情緒反應？

____

____

5.4. 如果耶穌在你的處境中會有不同的情緒反應，是甚麼令你的反應與耶穌的不同？

____

____

5.5. 總結一下自己是否接納這四種基本情緒。你是否如耶穌一樣能容易表達這情緒？這個默想歷程對你有何啟示？

____

____

練習六

留意一下你每一天的情緒狀態，形容你經常意識的：

感受：______________________________

情感：______________________________

心情：______________________________

情緒：______________________________

2 情緒的功能與運作

2.1. 情緒的功能

情緒是人生存的基本元素。其中我們的嗅覺、味覺，觸覺不斷提供密切、內在、主觀和個別性的資料，這些感覺所提供的資訊往往超越意識，情緒亦由此自然生出，帶動人進入一幕一幕連接得天衣無縫的經歷，以致人可以不用刻意去思考亦無須費力，便能繼續下一個行動。我們的一舉手一投足、一個微笑、一個擁抱，往往並非思考之後的刻意行動，而是內在情緒的自然反應。情緒是生命的重要元素：生命的意義、需要和價值緊密相扣，如果沒有情緒，人不能活出滿足的生命。因此，關注情緒，能為人帶來生命的色彩、意義和價值，並且提供生命的方向。

日常生活中發生各樣大大小小的事件，並非每一件事情都是重要的事。怎樣分辨哪一件事是重要的呢？我們不用逐一細想，情緒就是我們的快速偵察器，對每一件事情作出快速評估，一旦發現對我們內在的需要和目的有影響時，就會生出情緒的信號，牽動我們的注意力，提高我們的認知。因此情緒為我們的生存、溝通和化解問題提供重要的資料，是我們重要的指引。格林伯格就情緒的功能列出以下要點：[1]

(1) 情緒是自己內在的信號：情緒並不是麻煩的阻礙物，而是提供信息的重要渠道。例如情緒能發出危險警告，讓我們察覺到別人侵越我們的界限，讓我們察覺到自己對人或環境缺乏一種安全或熟悉的感覺，或缺乏某層面的資料，因而產生一種欠缺完整的感覺。

(2) 情緒幫助人迅速組織適當行動：情緒對應環境的改變而發出資訊，引導人迅速作出相對應的改變，例如：憂慮的感受使人卻步、謹慎小心；恐懼使人迴避、停止向前；悲傷使人收縮、不再被傷害；而興奮使人膨脹、繼續開放表達自己。

(3) 情緒持續偵察與他人的關係狀況：在人際關係之中，情緒扮演重要的角色，不斷偵察關係的狀況並發出提示，讓我們知道與他人的關係是處於增進還是破壞的狀態，是否需要修補等等。

(4) 情緒評估事情進展是否順利：情緒迅速地提供關於個人目前的狀況、需要、目標及對別人傾向的資料，並且調節別人的行為。

(5) 情緒發放信號給外界：相比於存於內心的思想，情緒能透過面部表情及聲調外顯出來，以致他人因而會接收到信息，而調節他們的行為。情緒也反映關係的主題，而成為組織關係的動力：悲哀的情緒反映損傷；憤怒反映目標受到挫敗或不公平對待；恐懼反映關係受到威脅；妒嫉反映感到被威脅或代替。每一種的情緒表達人與人或環境的關係狀況，從而組織適當行動處理關係的問題。

2.2. 情緒在大腦中的運作

根據腦部醫學生理學家的研究，情緒在大腦的運作機制是有異於思維的運作機制的，情緒有它自己的神經化學 (neurochemical) 和生理機能 (physiological) 的系統及獨特的大腦語言。大腦中的邊緣系統 (Limbic System) 除了掌管情緒的處理外，也主管其他生理機能，會影響人的免疫系統和身體的機能運作。一羣心理學家研究情感在嬰孩對自我、別人和現實意識的發展中所扮演的角色，發現情緒的組織比思維的組織來得更緊密。[2]

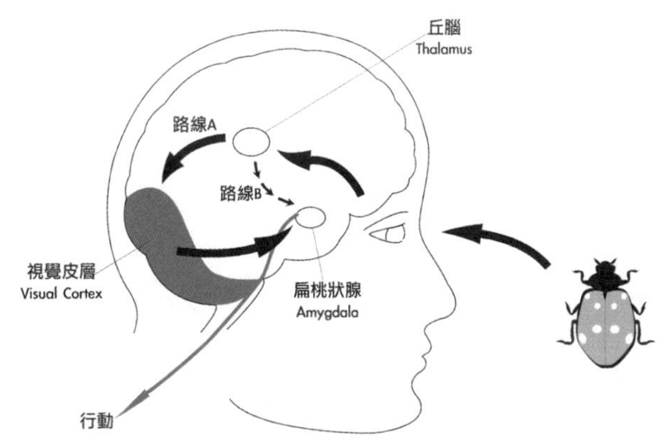

圖二：情緒路線圖[3]

大腦的記憶系統中，除了充當資料記憶系統的海馬趾 (Hippocampus) 外，還有擔當情緒記憶系統的扁桃狀腺 (Amygdala)。李竇 (Joseph LeDoux) 指出大腦產生情緒的兩條路線：[4] (1) 大路：當一個人看見一件物件，這個資訊會傳入腦部的丘腦(Thalamus)，再輸入視覺皮層及其他的部分作細緻的分析，然後作出適當的回應，如圖二的路線A。(2)小路：另外有一小部分的資料從丘腦直接輸入扁桃狀腺，透過聯想比較的形式，使人對看見的物件作出快速的判斷和反應，如圖二的路線B。由於小路的運作過程比大路的運作過程快一倍時間完成，因此大腦的思想往往在出現情緒反應後才產生。對於面對危急的情況，這個短促的資料輸入過程，使人可以在數秒鐘內應急逃脫求生！但是在非危急性的情況下，有時卻可能因此而反應過敏，缺乏理性的整合。

2.3. 情緒的記憶

根據情緒理論：當評估自己的需要、環境的變遷，關注的焦點和自估能力是否能面對環境的改變等因素時，情緒便會浮現出來；當我們的需要不能滿足，或當我們成功達到需要時，便會產生較強的情緒反應。帶有強烈感覺的經歷容易引起注意和儲存在記憶中，因此，當情緒被牽動時，那刻的經驗和知覺便輕易存錄到腦中。相對地，感覺不強烈的經歷便較難記得。

整個情緒記憶系統以強烈顯著的情緒作為提示，其他喚起相同情感的經驗，也會被連接在同一個相同的情緒記憶路線裏。情緒把不同記憶中的相關元素連繫在一起，因為他們都喚起同一個情緒。於是我們以不同的情緒主題，建立了恐懼和威脅、悲傷和虧損、或憤怒和被侵犯的情緒記憶路線。情緒記憶路線從嬰孩期便開始建立，去幫助我們組合內在的經驗。這些路線整合了某種情緒被牽動的不同情況和例子，這些情況和例子所包含的相同特點，形成人的情緒記憶的核心。

因為人是會關注主觀突顯的情感經驗的，所以，容易勾發起情感反應的事件或情況，會被刻入情緒記憶路線之中。在每一次的經歷中，扁桃狀腺把人和事的表達和反應，以及自己官感的反應連繫起來，並且儲藏和分類。所以，每當遇到新的事物、人物或情況，情緒記憶立時將情緒記憶路線裏的新舊資料作一比較和聯想，如果遇到相同的特性，便會立時作出官感的反應。譬如一個曾經被狗咬的人，當他以後看見類似狗的動物，便會立刻覺得驚恐，立時逃跑。這些情緒記憶系統，幫助人基於以往的經驗，更快驚覺危險而逃生。可惜這新舊事物的聯想式比較，並不十分準確。正如不是每一隻狗都會咬人，而情緒記憶系統無法精細分辨其中分別，所以我們需要理性的資料記憶系統作客觀的分析和研究！然而，若這兩個系統無法互相溝通時，便會產生問題。例如：當人的情緒未能從創傷中復原時，他們可以毫無情感地敘述受創的經過，或只會重歷因受創而引起的恐怖感受，但卻對詳細的經過毫無記憶。創傷治療的其中一項任務，就是要整合這兩套記憶系統。

情緒記憶系統也解釋了很多人形成心理障礙的原因。因著未能化解成長過程中日積月累的負面情緒經歷，而又要避免痛苦，當事人可能選擇從資料記憶系統中刪除對這些事件的記憶，藉以逃避痛苦。然而，有關的資料雖被刪去，但是所有的情緒仍然存於情緒記憶路線的檔案中，尤其是心靈創傷愈深，情緒反應愈大，記憶便愈深刻。日後當遇到熟悉的事物、人物或景況，負面的情緒隨即被勾起，導致當事人很容易徘徊在抑鬱、憤怒、緊張或神經衰弱的情緒中，當事人不知這些負面情緒從何而來，只知它們揮之不去！因為當日他們已刪除了資料記憶系統的資料，所以他們並不明白自己的負面情緒從何而來。要治療這些莫明的情緒，首先要從新建立這兩套記憶系統的連繫，了解莫明的情緒源自於過往的哪些傷痛的經歷。

2.4. 遺忘了的記憶

建威是一個中年男士，由於個性溫和不易發怒，所以給別人成熟穩定的印象。有一次，他的女朋友要求他記住一件不開心的事，並要求他在數天之後再複述給她聽，但數天後，他居然把那件不開心的事情忘得一乾二淨。再仔細問下去，便發覺他往往會忘掉自己那些不開心或者嬲怒的經歷。對於他的童年，他只覺得童年沒有甚麼特別，一切都很平常。但是對於童年時的不快經歷，他卻一件也想不起來。

表面上，建威好像非常成功，可以消滅不開心的情緒，但當我們再細心了解他平時生活上的情緒變化時，原來他非常恐懼自己不開心及情緒激動，因為這會令他很不舒服，恐怕自己會失去控制，不懂得怎樣處理自己情緒，恐怕情緒可能會帶來一些傷害別人的行為。

建威以為把情緒放下或忘記相關的事情，就等於沒有這個情緒，其實這是不可能的。建威只不過把別人傷害他的行為及由此所帶來的情緒兩者分開，使感受與事件脫勾，於是他記得有這件事發生，卻不記得詳情，也不記得有甚麼感受。當有另一件類似的事情發生時，便會勾起他的憤怒情緒，他有點莫明其妙，不明白自己為何如此憤怒，反應如此激烈，更不明白何以自己的情緒遠遠強烈於對當時那事件所應作的反應。其實之前以為被刪除的憤怒情緒仍然儲存在情緒記憶系統裏，雖然他的意識層面已忘記這件為他帶來痛苦的事，但是情緒記憶系統已儲存了這個經歷，當中的人和事的反應，及自己官感的反應都已被存取。一旦發生類似的事件，憤怒的情緒又會浮現，並且加上對之前事件的憤怒，一併表達出來，強烈度便因此增加，令建威被自己的情緒的強烈度所嚇著，亦恐懼自己會因此而失控。這就好像滾雪球，當很多負面情緒堆積在起來，有一天會變成一個大雪球滾出來，令當事人措手不及。

2.5. 情緒提高智力

情緒是神賜予人類天賦的本能。電腦不能超越人腦，當中的基本界限，在於情緒加上智力肯定比純粹光靠智力更勝一籌。情緒可以幫助我們迅速地領悟關係的模式，比單靠意識去分析資料更為快捷。因此，由情緒引導推理是最佳的配搭，幫助人更有效地適應這個萬千變化的世界！情緒也如一個快速的偵察器，每分每刻對環境作出評估，提供重要資訊，讓我們知道個人的需要和目標是否可以達到，哪些範疇出現問題需要注意，並且引導理性分析。因此，有效地使用情緒，可以加增人快速應對問題的智力，第六感可以很快告訴我們該如何選擇，感受上的偏好可以將很大的選擇範圍縮小，以致人可以專心考慮幾個較可行的選擇。

情緒也可以提高學習的速度，因為會蓋上了「不可忘記」的印記，便能提升我們不再犯同一錯誤的能力。當某個經歷使人產生強烈的情緒反應，情緒記憶系統把這個經歷歸入恐懼的情緒路線，每次再遇到同一個類似的情景，恐懼的感受自然浮起，提醒自己不要再做。

> 亞美曾經在學校被同學當眾取笑她的歌聲，自此之後，她永不在人面前唱歌，因她不想再被取笑。即使別人如何鼓勵她，即使她自己也喜歡唱歌，但她也寧願犧牲自己的愛好。

亞美的經歷使她把唱歌與當眾被取笑連上關係，當某個經歷使人產生強烈的情緒反應，情緒記憶系統把當時的行為與後果接連，於是亞美每次想起唱歌，就不期然恐懼，不要再次出醜，於是她相信並且永遠記住：「我不能唱歌。」

情緒是人和人與世界連繫的主要成份和組織自我的經驗。感受是思想、身體、環境、文化和行為的匯聚點——融合生理和荷爾蒙的改變，自我和環境的評估、記憶、文化、規條和獨特性的表達和行為。[5]

2.6. 情緒影響記憶

情緒也對記憶有相當的影響。布蘭 (P. H. Blaney) 的研究發現與情緒一致的記憶。[6] 人的心情影響他們的回想甚麼和會記得甚麼 (encode)，開心的時候勾起開心的回憶，憂傷的時候勾起憂傷的記憶，因此，學習時帶著正面的心情，能提高學習正面內容的能力。這點解釋了當人抑鬱或不開心時，往往產生很多負面的思想，也容易鑽入牛角尖的原因，因為那時不易記起開心正面的回憶，就算記得，也很快被負面的思想蓋過。

情緒顯然影響人的思維，關於探討情緒的影響範疇和過程，目前的研究只是起步階段。無論透過意識、生理機能還是藥物，當某個情緒的狀態被誘發，人的思維隨即被影響，正在進行的目標和思維，立刻被改變。因此，當人進入不開心的情緒狀態，思維隨即被過往的負面記憶和思想籠罩，便容易產生很多負面的思想，並且開始用這個灰色的角度去理解目前的景況：對挫折或困難過於敏感，容易產生極端或過度的反應；也很容易感到氣餒、想放棄；同時也容易忽略正面的景況，令正面的影響大打折扣。因此，保持健康正面的情緒，避免因負面的情緒引起極端的思維和記憶內容，是極其重要的。

詩樂給人隨和與明白事理的印象，她身邊的朋友和親友都喜歡她，但是她心中卻知道還有另外一個別人不會接受的自己在她心裏。每當夜闌人靜，獨自一人的時候，她的情緒會陷入黑暗中，整個人被負面的思想籠罩住，情緒和自我形像皆極度低落。面對心靈對她所作的控訴，她感到極其痛苦，這種心靈的煎熬比身體的痛苦更甚，割手成為釋放心靈痛苦的渠道，死亡的意念變成解脫痛苦的選擇。這刻的她就如進入另一個世界，完全不能夠進入任何開心、正面的回憶！但是當明天睡醒後，低落的情緒轉變過來，正面的思想又能夠進入她的思想。

情緒會影響一個人的集中能力，也隨之影響一個人學習的能力和空間，負面的情緒容易令人意志消沉，減低人對新事物的好奇心和積極進取的心態，因此理解及吸收新事物的心力也隨之而遞減，導致學習的能力和效果不盡理想。因此平穩正面的情緒可以提高學習新事物的能力。

明仔的母親放棄個人的事業發展，全職在家照顧孩子，希望能夠培育優秀的下一代。因此，她對明仔的要求特別嚴厲，事事指正，要明仔十全十美。明仔的學業成績非常飄忽，有時非常優異，有時卻是一般。這令他的母親十分費解，明仔自己也不明白，為甚麼有時所讀的資料能夠融會貫通，有時卻不能應用呢？奇怪的是，當母親迫得愈緊，他的表現愈差；反而當母親灰心，任他自由發展時，他的表現卻叫人喜出望外。

明仔的學習深受他的情緒影響，母親加給他的壓力使他情緒緊張，他愈迫自己努力，他的理解和吸收能力便愈低。當他以平常心輕鬆地學習，效果卻更為優異。

2.7. 情緒影響創作力

建威一直認為自己天生是一個沒有創作力的人，每一次他很努力想去寫作或畫畫，他總是呆坐半天，不知寫甚麼或畫甚麼才好，過程極其痛苦和艱辛，於是他決定放棄，接受自己沒有創作的能力！

他開始接受治療，學習去意識自己的情緒，寫靈修日誌〔或稱靈修札記〕，參加體驗性的工作坊。當他開始接觸自己內心的世界後，奇怪的事發生了，他發現自己的創作能力開始漸漸浮現。某些時刻，一種感覺、一個構思突然湧現，他很想將它們表達出來，於是他就試著把這種感受和構思畫出來或寫出來。他自己也很驚訝，原來自己竟然也能做些小創作。當他更能觸摸自己內心的情感和需要，學習去表達時，他創作的能力也逐漸增強，創作的構思和靈感也源源不絕。創作力不單令他可以寫作和畫畫，甚至在日常生活和工作中能漸漸發揮出來，成為他生命的一個新的動力！

創作力源自於人豐富的情感經歷，當人的情緒被某些事物、經歷、電影、音樂、故事所牽動，便可以透過畫畫、音樂、文字、藝術去表達出來，成為創作品！因此，感情愈是豐富的人，創作的能力和內涵便愈豐富。有些人認為自己天生缺乏創作力，其實問題是他們缺乏情緒的經歷，未能意識他們內在的情緒，或不懂得如何表達他們的情緒。年幼的小孩可以自由流露情感，就很自然將他們的創作力和想像力表達出來。(本書第六章會介紹如何發展自己的創作潛能。)

成長練習

以下的練習可以單獨反思或用作小組討論之用。

練習一

1.1. 從過往的回憶中，回想一些感受深刻，並且經常浮現腦海的片斷。

____

____

1.2. 這片斷引發起甚麼強烈的情緒？

____

____

1.3. 這個情緒強度與當時事件的嚴重性是否相配？如果不相配，請回想在其他場合或經歷裏，有沒有出現相同的情緒。

____

____

1.4. 如果你發現這種強烈的情緒經常浮現，而且過往也有不少引起這種情緒的經歷，可能這個情緒路線因過往的經歷，而造成的過度反應，嘗試寫下其中細節，以致將來面對類似的情況，勾起強烈的感受時，可嘗試分辨其中的激烈反應是否來自過往的經歷，從而幫助自己不需要作出過分激動的回應。

練習二

2.1. 在神面前安靜禱告，求聖靈光照這種強烈的情緒是源自於童年哪些經歷，並描述其中的經過：

2.2. 邀請主耶穌進入這個經歷中去幫助你，在禱告中等候主耶穌，看看祂如何回應你當時的痛苦。

2.3. 如果耶穌未能給予你心所渴求的，將你的需要告訴祂，相信祂有能力，也非常愛你，定會解你困苦。

2.4. 如果你想嘗試寬恕傷害你的人，可以求主幫助你，給你能力和勇氣向傷害你的人宣告你的決定！如果你暫時未能寬恕，告訴耶穌你的困難，祂會明白和接受，繼續增添你的信心和勇氣！

練習三

3.1. 你對自己的情緒是否保持一個開放接受的心態？哪些情緒是你不願意正視的？

3.2. 你是否也像建威一樣，容易忘記不開心的回憶？如果是的話，可以向神禱告，求祂給你力量去面對，學習每天將不開心的事寫在靈修日記中，把你心中的感受告訴祂，放在祂手中。

____

____

練習四

4.1. 你有沒有一些非常鞏固的信念，這些信念在理性層面上未必一定準確，但是感性上，你卻對它堅信不移？

____

____

4.2. 這個堅信不移的信念是否從過往的經歷中所得的結論？請描述其中經歷，並你如何得出這信念作為結論。

____

____

4.3. 嘗試與人分享這經歷，並且詢問其他人是否得到相同的結論！寫下一些別人所提供的不同結論，並且禱告神給你智慧，分辨哪個結論才與事實和真理相符。

____

____

4.4. 如果你的結論改變了，那你的信念又是否有所更正？

____

____

練習五

5.1. 你是否也發現自己容易陷入情緒低落的現象，而且思想也被負面的思想所困擾？請將這些負面的思想記下，並且寫下透過禱告、聖經的真理和屬靈長者／牧者的檢視其準確性的結果。

5.2. 你的情緒有沒有影響你的學習和工作？如果有的話，請描述那是一種怎樣的情緒，並且如何影響你的表現。

5.3. 這種情緒又帶動哪些負面的思想？把透過禱告／聖經的真理和屬靈長者／牧者檢視其準確性的結果寫下。

5.4. 每次情緒被波動，負面思想又浮現的時候，嘗試重看以上的檢視的結果。

練習六

6.1. 你是否認為自己是缺乏創作力？這並不是天生的，只要你願意開始每天多接觸自己的感受，便可以慢慢培養自己的創作能力。首先可以找一本靈修日記本，可以把每天發生的事情的感受用文字、畫圖、剪貼等方法記錄在日記本上。每次當你想去做的時候，重複提醒自己不要太介懷所做、寫或畫的結果，不要訂太高標準，只要預留時間給自己去表達內心的情緒。當你漸漸更能接觸內在的情緒，你的創作力也漸漸更能發揮。

6.2. 如果你發現自己的記憶力差，容易忘記事情，這可能顯示你有太多累積未經處理的情緒。嘗試如「練習6.1.」的建議，每一天預留空間去感受所浮現的情緒，並且嘗試去表達。當你的情緒漸漸穩定後，可能記憶的問題會有所改善。

____

____

3 情緒的種類

3.1. 情緒的種類

人類早期的歷史中，情緒被稱為passion（意即熱情），這個字的字根源自於passive（意即被動），因為當時的人認為，人是被動地接受情緒，而不是創造情緒；及至二十世紀才改用E-motion，表達情緒是由內向外的移動，強調其動力的傾向。現今仍有很多人認為自己是情緒的奴隸，每天不停無故地受到或好或壞的情緒影響。情緒似乎是不受控制、自然產生的情感反應。

其實，情緒並沒有好與壞之分。很多人認為，帶來愉快感受的是好的情緒，帶來不愉快感受的就是壞情緒，而壞情緒只會增添麻煩和困擾。這樣分類是不準確的，因為引起不安感受的情緒也可以幫助和保護我們，例如恐懼可以幫助人及時逃避危險，憤怒也告訴我們，自己已被傷害，需要保護自己。因此，我們應從適應性的角度去為情緒作出分類，分辨這個情緒是否健康、幫助人適應環境、使人生活過得滿足；還是只會帶來更多的問題，不但不能適應環境，而更加添生活的痛苦。

格林伯格提出以下的情緒分類：[1]

(1) 原始性情緒（primary emotion）
- 適應性（adaptive）：健康的核心感受
- 非適應性（maladaptive）：長期不良的感受

(2) 輔助性情緒（secondary emotion）：防衛式的情緒，企圖遮蔽原始性情緒

(3) 手段性情緒（instrumental emotion）：具影響性或操縱性的情緒，企圖達到目的

3.1.1. 適應性的原始性情緒

這是人對事物最原始的反應，反映對事件的核心感受，例如：被威脅會感到恐懼，被傷害會感到憤怒，或損失後會感到哀傷。這類情緒是因環境而產生的反應，也會因應環境的變化而改變。它們來得快，也去得快，往往是新鮮的感受，不會存留太久。這類情緒中包括基本情緒或綜合情緒，能帶動人向前，去面對環境的挑戰，恰當地表達自己，增進自我形像和健康的人際關係。

但是這類情緒往往不容易察覺，它們容易被防衛式或操縱式情緒所掩蓋，變得混淆不清，可能需要別人的幫助才能夠分辨出來。這情緒價值明顯，會指引自己如何適應環境、生活得安好，是情緒智商中一個重要資源，並且是令人真正明白自己的需要和獨特的質素。因此，要真正明白自己的感受，便需要找出自己的適應性的原始性情緒。

情緒的類別		
情緒	適應性	非適應性
憂傷	伸展，悲傷	沒有希望、絕望地依戀
憤怒	給予能力	毀滅性
愛	看顧／自由	沉溺／依戀
焦慮	危險信息	創傷性
羞恥	歸屬於組別／良心譴責	自我憎恨／屈辱
使人屈辱	健全的憤怒	自我虐待／別人

圖三：不同情緒在適應性和非適應性下的表現[2]

3.1.2. 非適應性的原始性情緒

當人的情緒系統失調，所滯留下的情緒就是非適應性的原始性情緒。雖然這情緒是真實的感受，但卻是不健康和不再新鮮的。這些情緒包括令人癱瘓的恐懼和焦慮、令自己退縮的羞愧、具破壞性的憤怒和不能化解的哀傷等。這情緒往往令人感到深受困擾，一經表達出來，甚至可能會有內疚和後悔的感覺。

這種熟識而陳舊的感受，源自於過往的學習，或由過往的創傷所引發。原本是適應性的情緒反應，因未能處理而長期停滯，造成深層的困擾，變成非適應性的反應。因此，它們往往結合了對自己的負面批評信息，成為批評自己的內在錄音帶，不斷播放，漸漸累積形成一種負面的自我形像，感到自己無用、有缺陷或不重要。這類的情緒可以是基本或綜合的情緒，但是不容易改變，也不能提供改變的方向。

3.1.3. 輔助性情緒

輔助性情緒可以是基本或綜合的情緒。它是對原始性情緒產生的防衛和保護，由不接納自己的原始性情緒，並批判這情緒為懦弱、被恥笑、或過分激烈的反應，企圖控制並遮蔽這原始性情緒而產生的感受。例如：男性往往用憤怒去掩飾內在的恐懼或憂傷，而女性則用眼淚來蓋過憤怒；冷漠的外表也可以遮掩內心的恐懼，焦慮或內疚也可以用來遮蔽興奮或憤怒的情緒。長期壓抑憤怒，往往會導致抑鬱症；不願意承認內在的哀傷，便會形成孤僻、愛諷刺的性格。感到煩惱往往也是一種輔助性情緒，它是一個信號，表達內裏出了亂子，煩惱背後可能隱藏著憤怒或被傷害的原始性情緒。

輔助性情緒可以是因自己的情緒而產生的感受，例如：因為擔心自己的憤怒會失控而產生恐懼，對自己的恐懼感到羞愧等，原本的感受是憤怒，而隨後因憤怒而產生的恐懼或羞愧是輔助性的情緒。另一方面，輔助性情緒也可以因某一種思想而產生的，例如：對於每次浮現「我無能，不會成功」的思想，羞愧和無地自容等輔助性情緒便會隨之浮現。

3.1.4. 手段性情緒

這種情緒是經過學習而形成的。當人發現每一次表達某種情緒後，便會從別人身上得到自己期望的反應，便會利用這情緒來取得自己想要得到的東西。例如：小孩子發現眼淚可以換來別人的同情和幫助；也發現以大哭大鬧表達憤怒也可以令別人就範；表現迷惘和混淆也可以得到別人的拯救。長期缺乏意識地使用手段性情緒，或將它成為自動化的反應，它便會變成為一種慣用的模式，甚至性格的一部分，會造成關係上的問題，令對方感到被玩弄和操控。

能夠使用手段性情緒，也可能反映某程度上的情緒智商能力——利用情緒的反應去達到目的。例如：假裝尷尬去遮掩自己明知故犯、不服從規條的行為；假裝傷心表情來誇大自己的不快，從而使對方因內疚而妥協。

3.2. 如何分辨情緒的種類

小冰是家中幼女，父親脾氣暴躁，母親忙於打麻將。她自少寄養於阿姨家中，因而缺乏安全感，容易恐懼(非適應性的原始性情緒)，做事畏首畏尾，過於倚賴表姊。每當遇到困難時，情緒就變得非常低落(輔助性情緒)，經常躺在牀上自怨自艾，使她更感羞愧(輔助性情緒)。每次提起母親過往對她的傷害，她就哀傷流淚(輔助性情緒)，卻從不為意內在隱藏著對母親的憤怒的情緒(適應性的原始性情緒)。

小冰也不敢向表姊表達憤怒(適應性的原始性情緒)。每當表姊說了誤解她或傷害她心靈的說話時，她只會表現哀傷(輔助性情緒)，同時也責怪自己無能，令自己更加羞愧(輔助性情緒)。

為了繼續得到表姊的照顧，她往往流露出無助和迷惘的神色(手段性的情緒)。雖然她有時也不滿表姊總是以忙於幫助別人的角色去逃避面對自己的需要，但是她仍然以受助者角色去維持與表姊的親密關係，一方面恐懼失去表姊的支持，另一方面也助長表姊不去面對自己的問題。

要去分辨這三類情緒並不容易，要分辨非適應性的原始性情緒和輔助性情緒更是困難。相對地，適應性的原始性情緒較易分辨，因為這個情緒不是存留已久和停滯不前的，它會帶給我們能量去改善現今的問題。因此，我們可以先從這裏入手。從小冰例子中，恐懼和哀傷肯定不是適應性的原始性情緒，因為這兩個情緒已跟隨她很久，相對地，憤怒可以令她向前移動，給她能量，改變目前的困境。因此，憤怒是適應性的原始性情緒。

接下來，我們可以從非適應性的原始性情緒入手，尋找那些停滯很久，常常引發困擾的情緒。恐懼的情緒已經追隨小冰很久，它源自童年時缺乏人保護的經歷。現在，每當她要去面對一些不熟悉的環境時，小冰便很容易感到恐懼、過分擔心，這狀況比較貼合非適應性的原始性情緒的定義。

最後，雖然輔助性情緒較難分辨，但我們可以從尋找哪些情緒是用來遮掩適應性的原始性情緒入手。小冰一直不知道自己對母親懷有憤怒，而只是感到哀傷，因此，哀傷是她遮掩憤怒的方法。對於表姊言語上的傷害，小冰也是不敢表達憤怒，只是哀傷流淚。

另外，每當小冰意識到自己的恐懼後，就對自己作出「我真無用，連這小事也要恐懼！」的責備，羞愧是因這種負面思想而起的，因此，羞愧也是輔助性情緒。

小冰需要認知和分辨自己的情緒。尋找適應性的原始性情緒，對她來說就是要認知和接納自己的憤怒情緒，這個情緒會成為她的幫助，指引她如何去適應這個世界，繼而得到滿足的生活。每當她感到情緒低落和哀傷時，需要反省這哀傷的情緒是否遮掩了她的憤怒，並學習不再以哀傷代替憤怒。

小冰也要在意自怨自艾的心態。不斷自我批評和指責，會導致情緒低落，並讓她感到羞愧。小冰要注意這種負面的聲音，它不但不會幫助她，只會令她的情緒問題更加嚴重，並導致惡性循環！她這種自我批評和指責，可能是源於不敢向傷害自己的人表達憤怒，而把憤怒轉發到自己身上。

她那非適應性的原始性情緒，就是恐懼，是她對過往的創傷的自然情緒反應，但是今天已經長大成人的她，仍然把孩童時的恐懼投射到今天。然而，這情緒已不合用，所以，她需要作出調整：並不是每一個挑戰都帶著危險，她也不是事事失敗。她需要學習去獨立面對困難，才可以克服因困難而帶來的恐懼。恐懼的情緒只能藉著面對和正視所恐懼的，才能得以漸漸化解。

最後，面對她與表姊的關係，她長期使用迷惘和無助作為手段性情緒，也會令表姊感到厭煩和被利用，對小冰更加不尊重，經常以言語傷害她。因此，幫助小冰意識自己長期使用手段性情緒，以及因此而引起的問題，嘗試以適應性的原始性情緒憤怒去代替哀傷，向表姊所施加的傷害表達不滿，她與表姊停滯的關係或許能因此向前踏進一步。

3.3. 情緒的源頭

情緒可以源於外在環境，也可以來自內在因素。內在的因素是關乎於自己如何評估自己，因此能夠分辨情緒源頭的能力，也是明白情緒的重要一環。因外在因素而產生的情緒，往往提供重要的環境評估資訊及幫助自己調適，例如：恐懼的情緒提示外在的危險性，讓人提高警覺，也會提示應用甚麼態度去處理這個問題及如何行動。

同樣地，因內在因素而產生的情緒，影響人如何看自己和怎樣處理自己的情緒。因為聯想起過往或將來所引起的情緒，它們並非建基於外在環境，因此都屬於因內在因素而產生的情緒。因外在因素而引起的情緒，通常都屬於適應性的原始性情緒——當外在環境改變，情緒也隨之消失，憤怒和恐懼是這類情緒常見的呈現方式之一。相對地，因內在因素而引起的情緒，通常是非適應性的原始性或輔助性情緒——時常被勾起，不容易改變，需要深入處理，哀傷和羞愧是這類情緒較為普遍的呈現方式之一。

小冰的恐懼是非適應性的原始性情緒，是源自於內在因素，它並不會因面對了一個困難而消失。她不停在生活中創造導致自己憂慮的原因，這恐懼是源於她的自我形像低落(認為自己無能，是一個失敗者)，於是每一次聯想起將要面對的問題時，她的恐懼情緒便自然浮現。哀傷這輔助性情緒也是源於內在因素，這情緒的產生是由於小冰覺得自己無用，她認同表姊批評自己的説話，覺得問題出在自己身上，而不是表姊説話不當傷害了她。如果小冰因為表姊言語上的傷害而感到憤怒的話，這憤怒便是一個源於外在因素的適應性的原始性情緒，當外在環境改變，憤怒的情緒也會隨之消失。

成長練習

以下的練習可以單獨反思或用作小組討論之用。

練習一

本書第一章的練習二邀請你以經歷的密度來排列五種基本情緒，請從最經常經歷到的情緒中，回憶一些誘發這情緒的片段，並將一段經常被勾起的記憶記錄下來。

____

____

____

練習二

2.1. 嘗試從以上這個回憶中分析自己情緒的類別：

(1) 適應性原始性情緒：______________

(2) 非適應性原始性情緒：______________

(3) 輔助性情緒：______________

(4) 手段性情緒：______________

(如果你不懂得怎去分析情緒的類別，可以先跳過這一部分，繼續完成餘下的練習。本書往後的章節及練習，能幫助你分析自己的情緒類別。)

2.2. 以下兩種基本情緒，請圈出你最常經歷到的情緒：

A. 悲傷　　B. 憤怒

2.2.1. 你所圈出情緒__________，是就你的輔助性情緒（Secondary Emotion）——用來遮掩適應原始性情緒（Primary Adaptive Emotion）。一般來說，輔助性情緒較為容易被接納和表達，很可能就是最經常經歷的情緒，請對比第一章的練習三。

2.2.2. 餘下的那種情緒__________就是你的適應性的原始性情緒（Primary Adaptive Emotion）。這種情緒可能就是你最少經歷的情緒，請對比第一章的練習二。

2.2.3. 非適應性的原始性情緒（Primary Maladaptive Emotion）是停滯很久，常常困擾你，而又是往往令你感到無助和無法解決的情緒。如果你在2.2.2.題所得的答案是：

- 憤怒；那麼，你的非適應性的原始性情緒是恐懼／焦慮。
- 悲傷；那麼，你的非適應性的原始性情緒是羞愧。

總結：你的非適應性的原始性情緒是__________。

2.3. 手段性情緒是幫助自己達到目的的，並非每一個經歷的片段都包含手段性的情緒。如果有的話，這情緒可能是最常經歷的兩種情緒其中之一。哪一種情緒是你不期然使用去達到某一目的？

____

____

____

2.4. 適應性的原始性情緒是會幫助你更有效地面對環境／人帶來的困擾的，你可以透過禱告，祈求神給你勇氣和信心，使你更接納你的適應原始性情緒。

練習三

3.1. 當我們面對神、人或自己，誠實的心是很重要的屬靈的條件，試默想以下的經文：

(1) 詩篇一百三十九篇

(2) 詩篇五十一篇

(3) 詩篇四十二篇

3.2. 請你反省以下問題：你有沒有誠實面對自己的情緒？有沒有向神或人誠實表達自己的真正感受？你可以祈求神如何幫助你處理非適應性的原始性情緒、輔助性情緒和手段性情緒。

練習四

4.1. 你在睡夢中較常經歷到哪種情緒？

4.2. 這種情緒是否也是你在日常生活經常經歷到的？你認為是甚麼原因導致你經常在夢中經歷這種情緒？

4.3. 請你以禱告尋求神所給你的啟示，讓你更明白這類夢境和情緒對你的意義。

4

情緒的歷程

4.1. 情緒的組合

現今心理學對情緒的研究使情緒開始被視為認知和人際互動的重要中樞。按照發揮功用的先後次序來說，情緒能留意和偵察身邊所發生的資訊，接著覺察自己的動機和內在需要，將兩者結合考慮，從而調整設定目標，進而表達出來或提供行動的傾向，構成溝通和管理人際互動的模式。情緒管理內在目標的先後次序，以及人際間的意向表達，心理學的研究將情緒的組合歸納成以下三部分：[1]

(1) 情感 (affect)：透過五官及生理機能所接收的信息而產生的不同感受所組成
(2) 動機 (motivation)：組合內在需要和對外在環境變遷而產生的關注
(3) 認知 (cognition)：注意力的分配和不自覺的評估，結合外在與內在的關注

基本情感 (大腦中既定的情緒路線) 以神經生理機能化 (neurophysiological) 的內在信號系統傳遞資訊，此

信號系統是獨特而且非形像化 (nonsymbolic) 的，與認知的 (cognitive) 資訊處理系統不同。[2] 每一個情感的信號都是獨立、直接和清晰的，它們不需要再被註釋，能夠直接提供意義和組織行動。我們的生理結構本身已經具備了解每一個內在的信號和分別不同信號的能力，可直接的評估每一個信號，不用透過語言體系來進行再一步的註釋。我們的知覺系統會自動接收資訊，再將對事件的情緒反應傳遞給意識層面，以致我們有時只知有情緒反應，但自己可能也不明白為何自己對事件會產生這樣的情緒反應。基本情緒路線是與生俱來的，它不需要倚賴認知思維那複雜和形像化的分析，讓資訊可以迅速影響行為，從而賦予我們適應和求生的本能。[3]

情緒也包含認知和動機。動機組合內在需要和對外在環境變遷的關注，而再加上認知，不自覺地評估環境與自己的關係、內在的動機，以及最終如何將注意力分配於不同的事件上。

4.2. 情緒的經歷

情緒的經歷是透過生活的經驗，將情感與認知融合而組成的。因此，它包含不同層面的資訊組合，格林伯格、賴斯和埃利奧特指出，我們所能意識的情緒，綜合了以下三個系統所提供的不同層面的資訊：[4]

(1) 基於生理機能的感官性／表達性動力層面系統
(2) 基於圖像 (schematic) 及語言的情緒記憶系統
(3) 基於文字的概念系統

每一個系統提供不同層面的情緒經歷，以致處理複合資訊的情緒系統，可以透過感受去提供豐富的綜合意義，和對環境作出回授的反應信息。

4.2.1. 基於生理機能的感官性／表達性動力層面系統

達馬斯奧(Antonio Damasio)指出，人的意識是透過感受浮現出來的。當事物改變形態，人對之作出的直接表達就是感受。[5]大腦因應事物對身體狀況所造成的影響，將感受顯示的資料表達出來。大腦搜集生物體的各種感受後，繪製無語言的故事來描述個人這段時候的經歷。這些故事幫助人整理和明白生命的經歷，然後透過時間上串連不同事件／物件對自己的影響，組織出問題及事件的導因。

情緒系統的信號是神賦予每一個人的禮物，是一項讓人可以適應世界的本能，因為它可以迅速影響行為而不需要依賴思維性的處理。人身體五官的感應和感受，可以直接指引行為而不用經過意識的認知。例如：當嬰孩看到隱約出現的黑影便會害怕，或對被侵犯而感到憤怒。這個系統獨立操作，因此當我們知覺系統接收和傳送信息時，我們的意識並不參與其中，直至對某人或事的情緒浮現，我們才發現對這人或事有些感受，而不明白箇中原因。這是由於大腦的五條基本情緒路線，為我們提供直接理解和隨之而來的行為指引。這是處理情緒經歷的第一階段流程。

4.2.2. 基於圖像及語言的情緒記憶系統

情緒經歷首先被注視，然後將內在和外在的信號象徵化，成為意識下的情緒。經過不斷組合不同源頭的資訊，具意識地將資料象徵化，便形成當事人主觀的現實，以及意義的產生。這歷程與解讀知覺系統接收的情緒信號是同時發生的。

當意識的經歷被象徵化後，形成對自我和對外在事實的意義，語言便開始在情緒經驗中扮演重要角色，因為感受是會被我們的言語所影響的。例如：當孩子表達憤怒的情緒，而父母卻將它扭曲為疲倦，這會影響孩子以後如何解讀自己的憤怒情緒。與此同時，感受也影響和束縛我們所選用的語言。例如：當別人指出某句説話背後藏有羞辱性的含意，本來不在意的情緒可能立時變得憤怒。

以大腦情緒路線為本，我們將過去的情緒經歷之經驗(當時的官感和導致這經歷的原因)，透過圖像的系統，儲存於大腦的情緒記憶路線內。當嬰兒感受到不被安慰，他會將他的感受和媽媽當時表達的情緒及行動連繫起來，儲存在記憶中。以後每當看到這種相同的情緒表達和行動，就會感到不被安慰和接納，這感受後來再漸漸擴大，形成信念和期望。例如：「當我需要別人，我便不可愛」這情緒的記憶成為生活的一部分，很容易便被周遭發生的事件挑動，也不斷地影響你如何去解讀和理解每一天遭遇的事情。這是第二個階段的流程。

因此，情緒經驗往往不能與思想分隔。一個情緒經驗包含了身體的感受和思想，兩者很自然互動產生。例如：憤怒往往包含一種燃燒的感覺，而爆發出一股氣，由胃部延伸到胸口。前臂肌肉收緊，血液湧到手部，「我不能再受委屈」的憤憤不平之感油然而生。與此同時，一幅過去曾經歷過的冷酷無情的畫面，浮現於眼前。而憂愁的情緒可能伴著一種酸溜溜的液體，從眼部的背後向下流，入到胃部，喉嚨和胸部肌肉收緊，令身體自然地蜷縮起來，成為球狀，隨之而來的，會是「我想放棄」或「這世界只有我孤獨一人」的思想，腦中浮現出一幅隻身一人孤獨地存在於這個宇宙的畫像。身體的感受、思想和腦中浮現畫像，就結合成為情緒的一部分。

因此，情緒經驗牽涉高層次的組織結構——情緒體系 (emotion schemes)。這是一個重要的自動處理流程，幫助人產生內在的情緒反應，以及全面的自我意識。這個情緒體系的處理流程，是按個別場合、天賦及後天學習的經驗，提供重要的感官性、非認知感覺的信息給大腦。一旦被象徵化進入意識，這信息便成為我們的主觀事實，並且用以對周遭事件作出評估。

自我意識的形成，是基於人對自己的經歷所得出的意義，而這意義是透過每時每刻不斷將所經歷的信息結合和象徵化而形成的。這個新意義的理解，再次引發新的經驗，然後又引起新的反應，因此，我們不斷持續地發現及創造新的意義。

4.2.3. 基於文字的概念系統

處理情緒的第三個階段，是透過觀念系統對情緒的事件作意識、判斷力、形像化、邏輯性的思考，連繫之前的資料，組合形成一些規則和信念，再回授進入圖像記憶系統，以致由官感至觀念層面皆能互相整合。情緒的經驗是整合以上三個流程的結果，透過過往的經驗和學習，情緒體系合併認知和形像化、邏輯性的自我信息，形成整合認知和情緒的模式。這就是我們將所有經驗的最高層次的整合，並且形成對自我的感覺和自我價值。[6]

4.3. 情緒影響認知

情緒影響認知，上一章提及的情緒影響記憶便是其中一個例子。開心的情緒容易勾起開心的回憶，以及正面的思想。當人進入憤怒的情緒，過去那相關於憤怒經歷的回憶，在憤怒情緒記憶路線裏被勾起，並且連帶著憤怒的負面思想，整個人不期然陷入憤怒的情緒狀態。不同情緒狀態會帶來不同的認知。

從社會科學推理性的立場，情緒與認知不能分割。綜合情緒例如後悔或尷尬，已包含社會／家庭對某些行為認知的評估，因此不同的文化，對不同行為有不同評估，而產生不同的綜合情緒。有關情感發展的研究顯示，基本情感如何隨著認知的發展，逐步加入複雜的認知，逐漸轉化成為複雜的情緒和感受。[7]透過研究嬰孩的自我意識和現實意識的發展過程，劉易斯(Michael Lewis)發現嬰孩的情緒比想像中更有組織，逐漸融入不同階段的認知，慢慢形成諸如尷尬等複雜的自我意識的感受。[8]複雜的情緒的形成，似乎與自我意識和評估有關，並且情感也是嬰孩的自我調節和溝通的主要渠道。

因此，情感是整合自我與環境交流的一個主要渠道。感受是理智、身體、環境、文化和行為的匯合點。將身體的生理機能官感性的意識經驗，以及對環境及自我的評估、記憶、文化、規條和特色行為的表達結合起來，形成感受和行為傾向。[9]自然認知與行為不能分割，因此，認知並非一定合理，[10]而情緒並非一定不合理。[11]情緒與認知的互相組合才能實現。利用快速的情緒行動歷程，再配合緩慢的認知了解歷程，去恰當地回應人際複雜的環境，是神給予人的能力。與其將思想與感受分割，兩者的結合將會帶來自我與環境的合一。

在感受裏面浸溶著很多思想，而只有附帶感受的思想，才有相關的意義，才對我們重要。相對地，感受裝盛著認知，當中包括注意力的分配和不自覺的評估。[12]

4.4. 自我觀念和意義的建立

總括以上三個流程，首先，最基本是透過五官及生理機能，對所接收的情緒信息作出反應。然後，另一個較為複雜的情緒體系，基於我們過去按個別場合、天賦及後天學習的經驗，提供繁複的意思和我們對環境的反應。這些往往是一些微弱的信號，需要刻意地注視，將它提升至意識層面。

在意識層面中，這些信號提供重要的自我經驗和意義的資訊，結合外在的文化、社會、學習的資料，以及別人對自己的評語和反應，基於過去的經驗而形成自我信念。人不斷從意識中去明白經歷，去建立意義；從下而上去理解經驗，或從上而下去套用已理解的模式。在意識層面上的自我觀念，會被別人對自己的期望、價值觀的反省及自我的經驗影響，當我們把不同的自我經驗象徵化，便構成意識上的自我意識，而漸漸塑造和形成性格。這自我的理解，可以是象徵身體機能接收的信息所構成，或從外界引伸的信念、規條、價值或理想。以上整個情緒歷程可以總括在以下的圖表中：

圖四：情緒歷程圖表

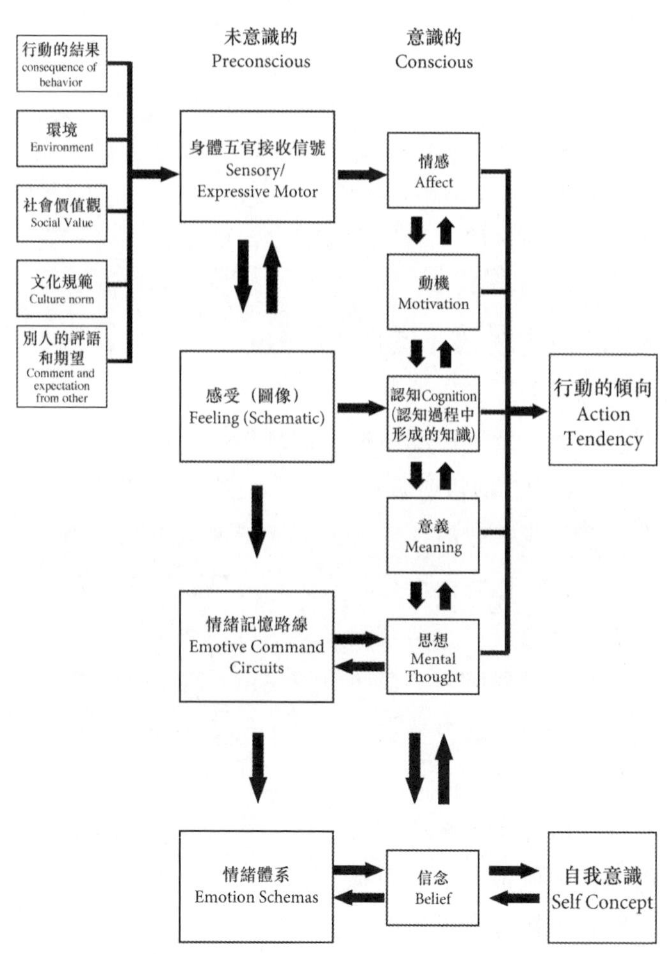

在阿波的家庭裏，媽媽是惟一的女性。他與哥哥及父親的關係良好，但是自小就覺得媽媽很難相處，她長氣、挑剔、脾氣暴躁、情緒化。阿波因而對女性產生抗拒，只與男性交往。

一天他在街上碰到小學的舊同學天娜，她非常熱情地跟他說個不休。阿波心想，自己與她並不很熟悉，還是儘量不作回應，希望能儘快結束談話。誰知天娜見阿波不作聲，不知他是否明白，便拍拍他的手臂。說時遲那時快，阿波一個箭步跑掉，消失得無影無蹤。剩下天娜一個，獨自百思不得其解。

當阿波看到天娜後，已經感受到環境的改變。一個女性的出現，透過圖像的情緒記憶系統，使恐懼情緒記憶路線活躍起來，勾起過往與母親相處的經歷所帶來的一些威脅和不安的感覺。對方熱情的表現更令他不安的感覺加劇，腦部的思維混亂，心跳加速，並且感受到身體的顫震。同時又浮現「我不被接納」的負面思想和一幅被拒絕的圖畫，阿波開始不能集中於對方談話的內容，內在情緒發出危險信息，提醒他有保護自己的必要，這信息上達至意識層面，帶動離開的行動傾向。他心中盤算著該如何離開，但是，卻找不著離開的藉口，基於禮貌，他便儘量支吾以對，暗示他不願意傾談下去。然而，對方仍然不結束傾談，阿波的內在評估開始達到不能忍受的狀態，他的思想、身體和感受已進入高度警戒狀態，情緒非常緊張(非適應性的原始性情緒)，最後當天娜拍阿波一下時，在數秒內，阿波未經意識的思考下，身體已作出行動，迅速離開天娜，尋求安全的環境。

由情緒牽動的行動反應，往往可以高度自動化地促成，而不需經過意識的思想。就如有些時候，當有一個皮球飛到自己面前來，我們自然會伸手去格擋或彈開。另一方面，我們的情緒反應有時是透過意識評估而成的，例如：當好朋友説了句諷刺的説話，當時不以為意，事後回想起，才感到很激憤。

當阿波事後反省整件事件的歷程，你問他為何感到如此不安和被威脅，可能阿波才會不期然聯想到，母親那些激動的情緒往往造成他心靈的傷害。他已經將女性的激動表現刻劃在他情緒記憶路線的模式中，因此，每當他碰到相似的情況，便會立刻產生恐懼的感受和身體的反應，增強求生的本能。因此，情緒的表現反映一個非意識下的精巧認知歷程，不斷評估所搜集的環境資訊，對這經驗進行具意識的敍述、評估和解釋，往往只會在經歷到感受之後才進行。例如：阿波因為過往的經歷而令他在交談中感受到情緒緊張，他對於與天娜交談的經歷所作的敍述，只是一個經驗的記憶，並未能影響情緒產生的過程。

最後，對於情緒和思想，當時的心情也是一個重要影響因素。相比於情緒反應，心情的維持時間是較長的。心情很影響當時如何判斷和感受那刻的事物。如果阿波那天加了人工，感到非常自信、前途光明，可能天娜的喋喋不休不會令他感到被威脅，可能他的容忍能力會較高、較快想出一個離開的藉口。

阿波離開天娜後，情緒仍然非常緊張，恐怕天娜從後追上，不敢回頭望，也不敢怠慢，仍然快速逃命。阿波邊跑邊回想整個歷程，開始意識到自己的恐懼，也開始組織思想，問自己為何如此恐懼。聯想到母親的激動情緒，他明白到自己如此恐懼的原因，然後再評估天娜的表現，他可能意會到自己剛才是反應過敏。再回頭看，天娜並沒有追趕自己，他便開始告訴自己不用再恐懼，實際情況並沒有如此危險，可以安心，天娜不會再威脅到自己。對自己所表現的恐懼情緒，他可能會感到有點不好意思和尷尬；但同時又覺得很危險和不安，可能盼望以後不要碰到天娜，怕會再見到她。

這個經歷對阿波的自我意識形成負面的影響，從社會文化的標準來看，他的行為不禮貌、缺乏尊重對方的感受，因此阿波會感到尷尬、不好意思、沒有面目再見天娜，造成自我形像低落，也更加深他孤僻的性格。

4.5. 情緒與理性的反思

如果一個人早上醒來的時候，感受喜樂和希望，他的官感及生理機能接收的信號，全部都顯示一切皆好，這些情緒便會引導他盡情去投入工作、不需要過多的額外反省。但是如果一個人醒來的時候，感受恐懼或憂愁，這些情緒顯示有些問題出現、需要注意，這個人隨即用自己的理性去尋求問題的解決方法，然後行動。

因此，情緒就是資訊，它提供第一層的資訊評估：究竟這件事對自己是好或壞，以及相對的行動傾向，表達內在的需要和渴望。能夠評估自己的慾望、感受和需要，是神賜予人類的特性，但是，情緒並不能夠分析思想，而且，情緒所評估的快速資訊不一定準確，所以我們需要理性提供第二層的資訊，來評估第一層的渴望和感受。將內在的渴望和感受放到理想的標準下，去衡量是否值得，於是形成第二層的感受(輔助性的感受)來調節自己的行為。試看以下的案例：

> 家樂的父親受教於中國傳統思想，自小教導家樂要以禮待人，憤怒是不合禮儀的情緒。每當家樂感受到憤怒時(第一層的感受)，他的理性立刻評估這個情緒是不合禮儀、不可以接納、可能造成危險的，於是他對憤怒產生恐懼(第二層的感受)，提醒自己不可憤怒。

理性和感受是兩條意識的河流，彼此交織形成意識下的我。[13]

4.6. 過去、現在、將來對情緒的影響

情緒的本質是聚焦於現在的。因為活在這刻的人容易只求這一刻的好感受，而不顧將來的後果，所以，有些人批評情緒是成就的最大敵人，需要加以控制，不然便會成為脫韁之馬。然而，要活在這刻是健康的，可讓我們高度意識周圍的環境和自己對環境的反應，也能為生命定位及帶來活力。

情緒是基於現在，但是也被過去所影響，亦會影響將來。我們今天對情景和關係的反應，往往建基於過往

的情緒歷史。回想起往昔事件所帶來的情緒，皆因往昔不愉快的經歷儲存於憂傷情緒記憶路線內，只要往昔的憂傷經驗中某些特性再次浮現，過去的不愉快情緒也會侵入現今的生活中。例如：當一個人看到一幅一家人父母同堂的圖畫，因而聯想起自己已逝的父母，憂傷的感受便自然入侵，並且往往不容易被控制。情緒源自於過往的事件，與情緒源自於現今的生活是截然不同的。源自於過往的情緒，往往是情緒問題的根源。而處理現今的情緒問題的方法，則不相同。現今的情緒通常都屬於適應性的原始性情緒，當外在環境改變，情緒也隨之消失，而過往的情緒，是非適應性的原始性或輔助性情緒，一旦被勾起，不容易改變。

預計將來的事也會產生情緒，尤其是憂慮。這類的情緒也較難處理，因為所關注的事情只是可能發生事情而不是實質具體的事件。對於過去的回憶所帶來的情緒困擾，至少是基於過往發生的真實事件。但是對於將來未發生的事，情緒的影響是次於思想的，想像將來的事件會幫助人預計和回應可能發生的問題，而情緒只是對假想的情況作出反應，作為考慮因素之一，但是過往的經歷，會容易把假想的情況當以為真，這便構成對將來事件的情緒問題。

另一個關注是，情緒只對現今的情況作出有效的回應，而缺乏考慮行動傾向的將來後果，例如：逃避治療只能解決一刻的恐懼，但卻缺乏考慮長遠的後果。因此，思想和想像是預測將來的重要工具，而人不應只接受情緒的提醒，也需要思想行動的將來後果。

4.7. 過去的經驗與理性的整合

一般人忽略了情緒如何主宰現今的生活和影響生活中的定位。感受不斷提供對事情的反應，告訴人首次接觸的結果。第一個情緒告訴我們，我們現正如何反應，不是我們應該如何反應或希望如何反應。透過儲存在生理系統裏的反應，將過去的經歷所得出的智慧，設入那刻的情緒表現，而成為現今的我。如果這個人的成長經歷是好的，經歷被愛、被尊重和被肯定，他／她會將這個世界和人類理解為安全的和美好的事物；相反地，如果這個成長中經歷被傷害、取笑和出賣，他／她會將這個世界和人類理解為危險的和冷漠的事物。每個人帶著過往的經歷去感受現在的世界，因此，有些人看到別人嚴肅的表情就會恐懼，感到危機。缺乏這種蘊藏過去智慧的敏銳力，會使人未能從過去的經驗中汲取教訓，幫助人不再被絆倒。

如果只是順著情緒而行，那人便失去了過往透過言語、文化、理性所學得的學習。這刻的情緒提供過往的經驗智慧，理性的分析整合過往在言語、文化和傳統的學習，並且推測行動傾向將會帶來的可能結果。這兩者需要互相配搭，才能建立一個完整的心理結構，發揮有效的情緒管理。

4.8. 意識與選擇

意識最終決定和控制意義的產生，由於要選擇注視哪些資訊，以至產生和採用哪種理解，因此，這個歷程包含意志和選擇。每一個人都可以用意志力去指引所注視的，以及選擇如何結合不同的內在和外在資訊。這個意識化的過程不斷地結合不同的資訊，而產生自我經驗和自我形像，因此，如何分配注意力是資訊處理流程中重要的因素，影響我們的意識和自我的觀念的構成。

我們可以透過以下四個的進程，用意志去改變情緒的歷程：

⑴ 注視自己內在五官生理機能的自動化經歷
⑵ 把五官的信息象徵化，結合情緒體系變成高層次的意義（不再抽離於意識外）
⑶ 令情緒體系架構接納新的經驗
⑷ 對於經驗作出反省，並且創造新的意義

在第三章曾講及小冰的成長經歷。小冰每次看到接近她的男性，就不期然地退縮，感到不安全和受到威脅。如果小冰要在社交上有更好的適應，表現有禮，她需要首先注意身體發出的信號，把信號象徵化，理解為恐懼的感覺，然後對複雜環境的意義產生一個理解：男性的出現會勾起她過往曾被自己父親傷害的經歷，因此令她感到不安全。她為了符合社交禮貌的要求，會借用藉口，推辭任何友善的邀請。然而，這個反應也只會繼續鞏固她恐懼男性的信念，因此，她要學習如何在與男性交往的過程中保護自己，才能突破她的不安全感，嘗試去信任一位男性，當她經歷男性不一定會傷害她，這個新的經歷會令她開始產生新的意義和理解，令她漸漸對男性有不同的信念。本書第六、七、八章會詳細討論這四種改變的過程。

成長練習

以下的練習可以單獨反思或用作小組討論之用。

練習一

1.1. 在一個郊外或空曠的地方，嘗試去找一個最讓你感到放鬆或舒服的位置坐下。留意你如何找到那個位置，是甚麼領你去到那位置？這個位置與其他位置有何不同？你坐下以後，有甚麼感受？

____

____

____

1.2. 在這個讓你感到舒服的位置，開始注視自己的五官的感應：
首先深呼吸，嘗試對周圍的環境採取一個開放的態度。
然後嘗試去注視周圍的景物：
(1) 留心去找出五樣你之前未曾注意到的景物。
(2) 嘗試去聆聽五種之前沒有留意的聲音。
(3) 去觸摸五種之前沒有接觸的物件。
(4) 用嗅覺去嗅聞之前未為意的氣味。
(5) 想像一下不同植物的味道會如何。
嘗試慢慢細緻地體驗每一種經歷，然後以文字描述出來：

(1) ______________________________

(2) ______________________________

(3) ______________________________

(4) ______________________________

(5) ______________________________

1.3. 你是否驚訝於自己的發現？這個過程令你有甚麼體會？

______

______

______

練習二

2.1. 在日常生活中，哪些事物、人物、反應、說話及景況會觸發你的感受：

A. 開心愉快：______

B. 傷心難過：______

C. 恐懼擔憂：______

D. 憤怒生氣：______

E. 驚訝興奮：______

2.2. 細心回想，為何這些事物、人物、反應、說話及景況會觸動你的情緒？是否在過往的經歷中曾經發生類似的經驗，令你將兩者聯繫起來，而以致你現在面對這些人、事、情等景況時，產生相連的情緒？

______

______

練習三

3.1. 嘗試從本章練習二第2.1.B.題，去回想一些過去曾傷心難過的經歷，這些經歷可能形成一些你對自己的信念或期望，嘗試寫下其信念或期望的內容：

______

______

______

3.2. 嘗試重複以上的練習，從練習二中第2.1.C.題回想恐懼擔憂的情緒，嘗試寫下其信念或期望的內容：

______

3.3. 再重複以上的練習，從練習二中第2.1.D.題回想憤怒生氣的情緒，嘗試寫下其信念或期望的內容：

3.4. 再度重複以上的練習，從練習二中第2.1.A. 題回想開心愉快的情緒，嘗試寫下其信念或期望的內容：

3.5. 再度重複以上的練習，從練習二中第2.1.E. 題回想驚訝興奮的情緒，嘗試寫下其信念或期望的內容：

練習四

4.1. 你會形容自己是一個怎樣的人？如果要用1至10分去評估以下的項目，你會給自己多少分？（1分為最低或差，10分為最高或好）

A. 自我價值：______分

B. 自我形像：______分

C. 自我接納：______分

E. 自我欣賞：______分

F. 自我能力：______分

4.2. 你怎樣去理解自己給自己的評分？這種自我結論從何而產生？這與你過往的經歷有甚麼關係？

練習五

5.1. 你是否常常被過去的回憶所困擾？嘗試把經常浮現困擾你的回憶寫下，尋求神的醫治。

5.2. 你是否常常為憂慮將來發生的事而感到困擾？你是否真的把假想的情況當以為真，這與你過往的經歷有甚麼關係？

5.3. 嘗試寫下你的不同憂慮，將這些憂慮交給神，祈求神向你說話，安撫你的心。

練習六

6.1. 第二章練習四中提及經常浮現的困擾回憶，將那些回憶，以及因此形成的自我信念，與本章練習三和四中所浮現的負面信念相比，兩者是否吻合？如果是的話，可以問問自己，這個不斷浮現的困擾回憶，是扮演甚麼功能？向神禱告，求祂讓你明白。

6.2. 嘗試整合經常為擔憂未來而浮現的憂慮思緒，它們帶出甚麼信息？這信息表現出你對自己的能力有何評價？你怎樣看自己？你覺得自己有能力面對將來未能預測的事嗎？如果你覺得自己有能力的話，那你又為何憂慮？如果你覺得自己沒有能力的話，那又是為何？

____

____

____

6.3. 嘗試尋問自己，為何要經常為未發生的事情而憂慮？這憂慮扮演甚麼功能？是否再次提示你該省察或警惕自己？也可以放在禱告中，求聖靈指示你。

____

____

____

5

情緒的防衛

5.1. 父母教導：情緒的處理

教導孩子處理自己的情緒，是父母的其中一個重要職責。在孩子的不同成長階段中，父母扮演的角色也有著不同的變化。在嬰孩及幼兒期，面對孩子的情緒，父母要幫助孩子去意識身體的反應，理解這個情緒的經歷，也要回應孩子的需要，立時給予安撫，令幼兒感到被明白、接納和幫助。與此同時，父母也可以開始代孩子用語言去表達他們感受，以致當孩子有情緒的時候，他們也漸漸開始懂得自我安撫，平定自己的情緒，不一定需要父母即時的幫助。孩子開始建立語言能力，父母的角色也要應而調校，變為幫助孩子明白自己的情緒，讓他們學習用語言表達自己的感受。父母也透過語言去明白和安慰孩子，幫助孩子去思想解決的方法，化解情緒的困擾。這個歷程教導孩子去接納自己的感受，以及如何用言語去象徵、表達自己的感受和溝通，反思及想出化解問題及情緒困擾的方法。以致他們日後能夠面對人際關係複雜的社會，懂得如何處理別人或自己的情緒，建立良好的情緒智商(EQ)。

可惜，這個學習處理情緒的歷程往往並不輕易，如果父母本身未能夠掌握和處理自己的情緒，在教導孩子的時候便會更為困難。另外，如果父母工作很忙，未能親身照顧孩子，要假手於育嬰保姆或幼兒院來教導孩子的話，孩子在學習處理情緒歷程上得到質素參差的幫助，容易導致日後在處理情緒上會有困難。除此之外，學習處理情緒的歷程，也被很多其他因素所影響，例如：父母與孩子的性格、彼此的關係、互動相處的模式，父母對不同孩子的偏愛，學習社交環境等等，都會影響情緒處理的過程。因此，若這個歷程的處理不當，容易導致孩子的情緒不被肯定和不被接納，隨之浮現不健康的處理情緒方法。

坐在小巴裏，曾聽到一個媽媽和兩歲半兒子的對話。

媽：「阿仔，穿回你的外套吧！」

兒子不理會媽媽的說話，把臉轉向窗口說：「塞車！」

媽媽望著排列於紅燈前的車輛，便應著說：「是塞車呀！」然後便繼續要求兒子穿上外套。

兒子堅持不肯穿上。

媽媽開始不耐煩說：「你今早起牀後一直耍花樣不肯聽話！」

兒子又嚷著：「塞車！塞車！」

媽媽再看看，紅燈已轉為綠燈，前面的道路暢通，並沒有塞車，於是回應說：「前面沒有塞車呀！」

兒子仍然堅持：「塞車！塞車！」

媽媽繼續糾正說：「沒有塞車啊！」

聽到媽媽強硬的語氣，兒子的情緒也高漲，大聲地叫：「塞車！塞車！塞車！」

媽媽聽到兒子的大聲叫嚷，也有點激動說：「前面根本沒有塞車！」……

要明白和接納孩子的感受，其實並不容易。在每天的繁忙生活中，要應付大小事務，已經忙得不可開交，要去猜想孩子那些不肯合作的行為背後有甚麼感受和意思，並不如想像中那麼容易。年紀愈幼的孩子，愈不善於用言語表達，要了解他們就更加困難了。我們很容易就像故事中的媽媽那樣，不斷地否認兒子的意思和感受。

其實，當兒子能正確地指出塞車的情況(第一次說塞車)，便表示孩子明白「塞車」的意思。所以，當他後來堅持說塞車(第二次說塞車)，並不一定表示他不理解「塞車」所代表的意思，而可能他在表達一些情緒和內心的需要。所以，父母最好先嘗試了解孩子想表達的意思，例如，兒子是否用塞車的意思比喻他對媽媽的感覺，又或者表達他內心的感受——一種阻塞而不暢快的感覺。

如果孩子幼年時與母親不斷地重演這樣的情節，母親很容易認為這個孩子常常無理取鬧，為了改變孩子的惡習，會用更加嚴厲的態度對付孩子的這種表現。相對地，孩子愈覺得母親不斷否定自己的想法和感受，對母親便愈加憤怒，採取更加不合作態度。在這樣的互動模式下，母子關係日趨惡劣。孩子並未能從中得到母親的幫助，或學會安撫自己，未能學曉如何調節自己的情緒，每當有憤怒的情緒便立即爆發出來。若然母親因此而打罵孩子，因為恐懼，孩子只能壓抑自己的憤怒。因為母親不明白孩子的感受和需要，孩子也自然更不明白自己，也不懂得用言語去表達，因此，這個問題成為一個惡性循環，如果沒有得到適當的幫助，這個孩子漸漸會被視為脾氣不好、情緒化的孩子，難於相處，缺乏EQ。

5.2. 情緒化的徵狀

情緒的產生是幫助人適應外在的環境，但是這個情緒系統也可以成為非適應性的情緒製造者，成為毒瘤，產生不少問題。以基本天賦面部表情來衡量情緒狀態，艾克曼(Paul Ekman)和弗里森(Wallace Friesen)的研究顯示，發現很多人受情緒困擾，臉上出現不愉快的表情與愉快的表情的比率是二比一；[1]其他的研究也顯示類似的結果，表達不愉快的表情與愉快的表情的比率是三比一。[2]

很多人會形容自己或別人為情緒不穩定、很情緒化，或不懂得控制情緒。實情是這個人既不明白也不能掌握自己的情緒，他們往往不明白自己為何會過分激動；有時過分緊張、擔憂、對人猜疑心重；有時卻過份憤怒、憎恨自己的父母或配偶；有時卻妒忌別人，幸災樂禍；有時卻過分缺乏情緒反應，異常麻木。對於自己所感受的情緒、表達情緒的方式和情緒的激烈度，有時會感到莫明其妙或有悔意。這些情緒的徵狀正正反映出一個長期的問題：在過往的經歷中未能夠學習意識和調節自己的情緒，並作出合宜的表達。

5.3. 意識自己的情緒

既然情緒是生活裏的一股內在動力，不愉快的情緒正是告訴我們：有問題出現，需要被注視、被化解，而情緒的轉變往往能為我們引導出一系列的解決方法。但是，當內在的能力未能處理這些強烈的情緒時，這些情緒可能會不能提升至意識層面，或者只有部分被意識到，又或會被扭曲。

長期不意識或不理解某一種情緒，形成一層又一層的積壓情緒，構成一股內在的壓力，每一次未能適當地意識或理解該情緒時，又再增加一層的壓力，這種壓力愈大，情緒的強烈度愈高，頑強性也更大。因為情緒不能清晰地說明其起因，它的意義也不能被完全明白，於是，對該情緒的理性分析能力便大大減弱。缺乏理性判斷的情緒反應，便會導致固執不智的行為傾向。這種非適應性的頑強情緒，其殺傷力和改變的困難度，要視乎這情緒是否在年幼時已開始形成、當時的強烈度，及後是否經常被不同的情況而引發。

祖業自小在一個傳統的大家庭裏成長。他的父親向來得不到父母的寵愛，形成懦弱的性格，在家裏沒有甚麼地位。祖業自小被堂兄弟欺負，他的叔伯為兒子撐腰出頭，但是祖業卻得不到父母的協助，他們只勸他要和氣忍耐，令他敢怒不敢言。一次又一次被欺負卻不能表達的經歷，形成一層一層冤屈憤怒的情緒。這種冤屈憤怒的情緒漸漸形成一股內在強大的力量，影響祖業的性格：他變得倔強、脾氣暴躁、難以相處。他曾經忍無可忍，反抗叔伯們不公平的對待，卻換來更大的指責和羞辱。最後，他年青時就離開這個家，去追求自己的世界。可是，每當他面對略有不公平，或以為別人取笑他的時候，他就會大發雷霆，反面離開，完全不接受別人的勸籲，使他蒙受很多損失，難以與人建立關係。

祖業的憤怒是經過長期的不能化解和積壓而來的，他漸漸淡忘了自己的脾氣如此暴躁的起因，只知自己面對不公平的情況時就會不能自控，不知為何會勃然大怒，而這個情緒的強烈度與當時的事件及環境情況都是不太吻合的，連他自己亦不太清楚自己為何會有如此強烈的反應。這憤怒從哪裏來？究竟怎樣可以改變自己的脾氣？祖業真是一籌莫展，不知怎去處理！

祖業養成了一個習慣，以憤怒(輔助性的情緒)去掩飾自己受傷害的感受(適應性的原始性情緒)。他恐怕會再受到傷害，所以每當他覺得在關係上好像又被傷害時，他想也不用想，就會自自然然地運用他所認識的惟一方法去處理：大發雷霆，斷絕關係。這種方式漸漸成為他的心理程式，甚至成為處事、對人的心態和性格的一部分。由害怕人的傷害，繼而漸漸變成害怕與人有親密的關係，害怕面對別人的批評和任何對自己形像有損的評語。

祖業以往所有被傷害的情緒記憶都存留在大腦的情緒記憶路線裏，因為過往沒有能力去處理被傷害的感受，經過長時間的壓抑和缺乏處理，積聚了一層一層的被傷害感受，以後對於類似的情景便會特別敏感，無時無刻都被恐懼再次被傷害的意識籠罩著。因此，若要有新的改變，首先要做的，便是把一些過往壓抑和隱藏的感受發掘出來，從新去接納和承認這感受。每一次面對不公平的情景時，要分辨自己的反應是否出於過分恐懼被傷害，這反應是不是純粹基於目前的狀況，還是基於過往未化解的被傷害感受。明白和分辨自己的情緒的由來，以及所採用的壓抑情緒防衛機制，是處理自己情緒的首要步驟。

5.4. 情緒的意識

成人的情緒狀態，普遍是由於情緒路線系統內的記憶被勾起而產生的。這情緒狀態是幫助人組織行動和影響認知的歷程。情緒是自動會產生的，但是如果要經歷情緒，就必須透過象徵的意義，將這情緒浮現在意識中才能達成。情緒狀況是否能夠被經歷，視乎這情緒是否被注意或象徵化。格林伯格、賴斯和埃利奧特指出情緒狀態可以下列五種不同的意識程度存在於人心裏：[3]

(1) 存在但不被意識。
(2) 存在但只有部分或邊緣被意識。
(3) 存在和被經歷，但不能透過語言象徵其意義。
(4) 被經歷和意義清晰地被象徵化。
(5) 被經歷和象徵化，人可以完全地明白它的起因和意義，以及相關連的行動傾向、需要和慾望。

這是一個似是而非的論點，有人會問：人如何阻擋自己去意識一個經歷，而卻不知道這個經歷是甚麼？人如何可以阻止自己意識憤怒，而事先卻不知道他們在感受一個不被接納的感受？這是因為人從多個層面來處理資訊，而只有部分層面是在全部意識之下。因此，在處理資訊的歷程裏，各個不同的層面可能都會受到打擾。

缺乏意識是一種選擇性採納意識資訊的表現，不去意識和不去面對不想處理的問題！分離(dissociation)是將自己的感受從經歷裏完全抽離出來，有如事件發生在別人身上，與自己無關。孩童面對性侵犯時，常用分離的方法來令自己不感受被侵犯的痛苦。分離、否認(denial)、潛抑(repression)和失憶等方法，都是在早期處理資訊時，阻止自己意識這經歷的存在。這是「情緒是存在，但不被意識」的其中一些例子。這種處理情緒的方法，容易導致心因性症狀(psychosomatic symptom)，不被意識的情緒被轉化為身體的不適，例如：頭痛、腸胃炎、背痛、肚瀉等。

投射(projection)是另一個例子，所不同的是，用作阻止意識的方法，是把自己所意識的經歷投射於別人身上，因此，這個危險的感受是屬於對方的，而不是自己的經歷。

俊傑常常對別人感到憤怒，這些憤怒的感覺令他感到不安全。他把自己的感受投射於其他人身上，因此，他很敏感別人對他的反應，經常擔心別人會不喜歡他。每當他聽到同事的閒談中提到「不能接受」、「有點奇怪」、「黑口黑面」等的字句，片言隻語就使他聯想到別人在背地裏說他的不是，不喜歡他。

不被接納的情緒也可以只有部分或邊緣被意識，壓抑 (suppress) 是其中一個例子。與否認及潛抑不同，被壓抑的情緒相對地仍有部分是存在於意識之上的。一般的情況下，被壓抑的情緒是不被意識的，但是，如果刻意去接觸，它們是可以進入意識的。麻木則是接受事實的經歷和意識情緒的存在，但是卻未能完全意識這情緒的感受，藉以減低這感受到對自己的影響。

第三個可能會被打擾的層面是理解層面，即情緒雖然已被意識和經歷，但是卻不能正確地理解其意義。抽離是一個高層次的打擾，將所意識及經歷的情緒抽象化，以致不認為對自己有任何個人的影響。逃避 (avoidance) 則是用分散注意力的策略，不去面對困擾的情緒，以致雖然意識到情緒的存在，卻不去理解它所象徵的意義。移置 (displacement) 是將自己對甲所產生的不被接納的情緒，解釋為是因乙而產生，在這情況下，情緒雖然被意識，但卻沒有被正確理解。理智化 (intellectualization) 和理由化 (rationalization)，都是在理解情緒的意思或別人非語言的行為的層面上，作出曲解或誤導部分意思。

一旦情緒被意識化，雖然曲解其意義可以減少經歷情緒的痛苦，但是仍然存著某一程度的痛苦。因此，沉溺行為 (addiction) 是其中一種麻醉自己、逃避痛苦的方法：透過不斷酗酒、吸毒、賭博、購物、迷戀、性濫交、過度自瀆、忙碌工作，或沉醉於危險活動，如開快車、玩跳板等，去給予自己一些片刻的快感或滿足，藉以減少心靈上的痛苦。暴食、厭食、自殘、強迫性的行為及思想，也是透過某種的行為或思想去減輕心靈上的痛苦。暴食的行為可以麻木心靈的痛苦，也可以給予自己一種自控的感覺，不能控制身邊的人或事，但至少可以控制自己的身體。厭食也可以減低不足感覺所帶來的痛苦，厭食者透過纖瘦身型去緩和不被接納的感受。強迫性的行為及思想，也是透過重複這行為或思想的模式，去舒緩不安憂慮的情緒，使自己可以較為安心。自殘的行為，如割手、燒焦身體，也是以身體的痛苦去減輕心靈的痛苦，並可以實質地感受自己的存在。

而情緒治療的過程卻從各個不同層面幫助受助者認識自己，過程包括：幫助人去將不被意識的情緒意識化，了解自己的防衛機制(自己如何去阻擋自己去明白內在的情緒)，理解情緒的象徵意義，以及自己如何透過不同的行為去減輕痛苦的情緒。

5.5. 心理防衛機制

心理防衛機制是人的內在自我保護系統，幫助人去適應外在環境對自己的影響，它會自動調節，並非由意識去控制。上一節已概括解釋了不同程度的防衛機制，及在處理資訊的歷程裏，各不同層面可能碰上的阻礙和打擾。這些阻礙和打擾的方法，主要功能是讓人可以不用去面對一些令到自己很不舒服、痛苦或危險的情緒。例如：憤怒的時候告訴自己「我並不憤怒」、「我不應表達憤怒」，或去做別的事情，不再去想這件事。這些方法在短期內雖然有效，那刻會忘記了或壓抑了那情緒，但長遠來說，是會造成心理和情緒上的困擾的。

以下會詳細介紹六種普遍的心理防衛機制：

5.5.1. 理智化 (Intellectualization)

許多人很不在意自己的情緒，當他們被問及現在有甚麼感受的時候，他們的答案往往並不是他們的感受，而是他們的想法。理智化是在理解層面曲解一些不被接納的情緒，採用一些合宜的想法，去取代自己真正的感受。例如：丈夫怕太太外出工作後，會變得自主，不再聽從他的意見，於是告訴太太，女人應以家為重，不該在外面拋頭露面。這種把感受理智化，變身成為一種看似合理的思想，就如一個美麗的煙幕，把脆弱、恐懼或不被接納的情緒包裝起來！另一種的情況是把自己的情緒一般化。例如：把自己對事件的不滿情緒，構想成別人對此事十分不滿，或大家都不滿的想法。對於處理自己不被接納的情緒，也傾向於告訴自己，其實別人的評語並不能影響自己，因此自己並沒有不開心、憤怒或緊張，自己不會如此小氣或容易被人傷害。

阿怡的男友向她提出分手，因為他認為他們的關係疏離，建立不了親密的關係。阿怡感到晴天霹靂，百思不得其解，於是決定接受治療，了解自己不能建立親密關係的原因。

阿怡是獨生女。她媽媽成長時寄人籬下、被

人欺負，她咬緊牙關，堅強地生活下去，因此，她不大理會阿怡的感受。她認為，相比她過往的痛苦，阿怡已經很幸福了。幼年時，阿怡很懼怕媽媽發脾氣，也不敢表達自己的感受，只能壓抑，她對自己說：「長大後，我永不會像媽媽那樣大發脾氣。」

阿怡並不敏鋭於自己的感受，每當筆者發現她所説的是想法而不是感受時，我就給她四個有關感受的詞彙，讓她來選取切合的詞彙形容自己的感受，那四個詞彙是：開心、不開心、憂慮／擔心、憤怒。因為一般人並不很熟悉感受，因此不容易去將它形容出來，但是，從四個感受中去選擇一個來形容自己的時候，比較能夠容易找出相近的狀態。阿怡一開始不是太清楚自己的感受，她就嘗試去想：我開心？不開心？擔心？還是嬲怒呢？透過治療過程，她漸漸發現自己是一個非常恐懼的人。有趣的是，她從前並不意識自己的恐懼，每當有恐懼的情緒出現，她就會將恐懼變成思想：「對方為甚麼會這樣做？他是否不喜歡我？」她開始每天寫電子郵件給自己，描述自己的行為、表現和感受，她漸漸開始明白為何自己有某些情緒反應和行動表現，她理解到自己的表現原來並不是無緣無故的，只是以前自己不明白罷了。

阿怡開始意識自己常常被恐懼所控制，尤其是當她面對自己或別人的憤怒情緒時，情況尤為嚴重。她也懼怕別人的拒絕，因此，她會將自己的憤怒情緒化為疏離和自我保護的行為。當她開始意識自己的憤怒後，她仍然會不敢表達自己真正的感受，但是，當她開始嘗試從小事中去表達她的情緒，而又得到男友的鼓勵和正面的結果後，這個恐懼才漸漸被衝破，與男友關係的親密度也有改善。

找到自己的感受是一個很重要的過程，因為透過明白自己的感受，就能開始意會到，原來身體的某種反應是表示某種感受。當明白了之後，就開始連繫到，為何當一件事發生的時候，我會有這種身體反應及感受，繼而去尋索自己對個別件事情的感受是源於甚麼原因，亦能開始幫助自己明白自己多一點。

麗莎是一個硬朗理性的事業型女性，給人有點冷漠、做事認真謹慎、要求完美的印象。當工作的壓力愈來愈大時，她常常感到肩頸痠痛。當她的按摩師說她的筋和肌肉很僵硬，問她是否工作很緊張時，她開始驚訝自己有緊張的情緒。

在心理治療的過程中，麗莎開始明白，原來自己的冷漠是與自己緊張的情緒有關的，因為她的童年並未得到父母的保護和幫助，需要靠自己，所以她從小到大都很緊張，由於習以為常，所以不太意識到自己有緊張的情緒。當她開始留意身體的「僵硬」，也漸漸發現自己有緊張情緒後，她也意會到自己對人冷漠及人際關係疏離的傾向。後來她了解到，這是因為她面對人羣的時候會有緊張的情緒，所形成的自我保護的模式。當她對自己的感受及連繫的行為表現有所了解後，開始對自己有冷漠的行為多點接受和諒解，雖然起初不太願意接受自己會緊張的事實，但當明白自己過往的經歷令自己缺乏安全感而導致緊張時，於是便較能接納自己的情緒。亦因為明白到自己真正的感受是緊張，於是就可以學習去安慰和探索自己為何緊張，令情況得以改善。

這個過程可以幫助我們更深入了解個人行為背後的原因，從而可以找出幫助自己去面對這些問題，又或者舒緩緊張情緒的方法。這樣的歷程會幫助人與自己有深層的接觸，以致可以增加自己選擇如何回應的能力，及怎樣去處理自己的情緒反應，也可以選擇去尋求外在的幫助和別人的諒解，減少不必要的痛苦和誤會。

5.5.2. 移置 (Displacement)

移置是一種轉移負面情緒的常用方式。最普遍的例子就是，一個人在工作中被上司責罵之後，內心有許多憤怒，但卻不敢向老闆表示，回到家中，因為自己的小孩做了小小的一件錯事，便會產生過度反應，打罵孩子，藉此發洩剛才在公司所受的氣。這往往是一種情緒移置的作用，把一些負面的情緒，從對一個比較有威脅性的人物，轉移到一個比較安全的人身上，然後發洩出來。許多人往往都會對憤怒情緒感到不安，尤其當這憤怒與權威人士 (如父母或上司等) 有關時，這不安便更為嚴重，於是只好把這些不滿情緒轉移到一個比較安全的人物 (如孩子、老弱婦孺，甚或動物) 身上。在移置的防衛機制中，情緒雖然是被意識的，但是其中所象徵的意義和原因，卻未得到清晰的理解。

5.5.3. 理由化 (Rationalization)

理由化是另一種常用的心理防衛機制，與理智化所不同的，是它用不正確的理由或解釋去掩飾自己不被接納的感受，將一些不被接納的情緒 (例如妒忌及自卑等) 隱藏起來，而利用一些理由去解釋自己的行為。這情況經常發生於人際關係及機構裏，例如：當僱員甲妒忌僱員乙的成就，便將對方一些小小的錯誤加以放大，想引起別人的注意，以致別人對僱員乙產生反感；但是僱員甲狠狠地提出別人的錯誤時，所用的理由可能是希望維護公司的形像，或幫助事務順利發展等等，好去掩飾自己內心的妒忌感受。女性之間最常以對方的打扮、儀容、舉止來抨擊對方，而未能承認自己內在因對方而產生自卑的感受。在治療室中，治療者往往不敢直接表達對治療師的不滿，於是便會用很多藉口來解釋最近對治療的不投入，例如工作很忙、忘記了治療的時間，或暫時不想繼續進行治療等，而這些理由的背後，往往反映了一些不能直接表達的不滿，而未能夠完全地承認他們有這種不滿的感受。理由化的防衛機制中，情緒可能被意識或部分被意識，但其中所象徵的意義和原因卻不清晰。

5.5.4. 潛抑 (Repression)

潛抑是其中一個重要和基本的防衛機制，它將一些危險或痛苦的情緒或思想從意識中除去。就好像對自己說：「我不知道 (或不記得) 的，都不能傷害我。」潛抑和其他防衛機制一樣，也需要不斷消耗能量來將危險的情緒或思想存留在意識之外。

明輝學業成績優異，畢業後更覓得一份優差，經過幾年努力事業便略有所成。而且也有一位漂亮而且有學識的妻子，與他十分匹配，夫妻二人相處融洽，從不吵架。在別人眼中，明輝是一個生活美滿的成功中年男士。他人緣極佳，給人非常和藹可親的印象，並且很得朋友及客人的信任。

在明輝的生活片段當中，憤怒是他絕無僅有的情緒。雖然他自小已有很出色的表現，卻並沒有因此而得到家人的關懷及注意。但是，對於家人缺乏肯定，他表示完全沒有不滿及憤怒，他只是接受自己在一個這樣的家庭中成長。即使他提到一些略為不滿的事情時，他總是帶著微笑，用一些很輕鬆愉快的口吻去形容發生的事情。

明輝到治療室尋求幫助，觸發點是婚外情令他情緒抑鬱，然而明輝既不想與妻子離婚，又不願放棄情人，難以於兩段感情中作出取捨，所以異常痛苦。

他的心理測試顯示，他最大的恐懼是別令別人失望，於是他極力把自己表現得最好，從不會容許自己有負面的感受及表現。所以，憤怒對他來說是一種非常危險的情緒，是需要儘量壓抑下去的。這也導致他不能整個人完全投入於親密關係之中，與人的關係只能夠維持於一個表面的層面。

明輝面對的困境，正是由於他不容許自己有負面感受及表現，也就是潛抑的防衛機制所致。與太太的關係就如外表的他，很理想，太太有學識，樣子不俗，很得體，跟他希望在人前表現出來的形像很相襯，但是由於他不能接受自己對太太的憤怒，所以無法投入夫婦的親密關係，二人相處時，他儘量遷就太太，做一個合宜的丈夫。另一方面，婚外情和情人卻能為他帶來激情，讓他有機會接觸內在真實的他，可是，他亦認為婚外情與情人的背景都是不體面的，所以不能與太太離婚，因此徘徊在兩段感情之中。又不想傷害太太，但是又不能取捨，心靈飽受煎熬。

5.5.5. 投射(Projection)

在投射的防衛機制中，情緒是不被意識的。這是心理防衛機制當中較為複雜的一項，因為投射是指當一個人不喜歡自己某一種感受或特質的時候，便會把這種感受或特質投射出去對方身上。

明輝對自己的憤怒覺得很不安全，於是他便把自己憤怒的感受投射於他人身上，變成他很恐懼別人會對他憤怒。因此，如果他對太太有憤怒情緒的時候，他便會將憤怒情緒投射到太太身上，變成怕太太會對自己憤怒，繼而懼怕與太太相處，接著他便會加倍小心，防止自己的行為及反應會導致對方的憤怒，他與太太的相處漸漸變得更不自然，關係更加表面化及形式化，而明輝心中卻絲毫不知道，他這種內心的恐懼及不安，其實蘊藏了他對太太不能表達的憤怒。

另一個普遍的例子，就是父母不能夠接納自己的某些弱點(例如懦弱或怕羞)，當他們發現自己的孩子也有同樣的表現時，往往便會對孩子有強烈的反應，希望去糾正孩子這些不良的表現。其實，在心理過程當中，首先是父母不能接納自己的弱點，將這不能接納的情緒投射到有類似表現的孩子身上，因而對孩子這方面的表現有特別強烈的反應，相對地，對於孩子其他方面的缺點，他們卻可能比較容易接受。

> 添明常常令太太不滿的，是他不善於理財，沒有儲蓄的習慣。他年少時，因為父母之間的不和，於是每個月要被迫替母親向父親索取家用，而每次在辦公室等父親給他家用的時候，父親的説話都令他感到受辱，認為父親對家人的需要很苛刻，令他很討厭金錢所帶來的傷害。

添明因為父親對金錢的計算而受傷害，導致他不能接納自己也有謹慎理財、節省金錢的特質，因而把這個精打細算的特質投射到父親身上，覺得父親過分刻薄，而他自己則走向另一極端，就是從不計較金錢，也不計劃明天，恐怕自己會變得像父親一樣苛刻。

5.5.6. 否定 (Denial)

否定的防衛機制，是不去意識不被接納的情緒，在眾多的心理防衛機制，這是比較原始的一種，小孩子的身上很容易找到這機制的蹤影。否認是為了保護自己，不想面對一些不愉快的經歷或事實，於是完全去否認這個事實的存在。例如：當一個小孩子偷吃了一粒糖後，會因為過分恐懼而完全遺忘偷吃糖的事件，事件已經被壓到潛意識當中，完全不在意識之上，對他來說，就像沒有發生過一樣。隨著年紀長大心智成熟，這個防衛機制會慢慢被棄而不用，而轉用一些其他比較高層次的防衛機制。但是，當一個人要面對一件自己完全不能接受的事實的時候，否認是一種簡單的求生的方法，幫助過渡這個艱難的時候。

最普遍的例子就是：當一個人要接受親人突如其來的死訊，因為心理上未能夠面對這個真實，往往在起初的階段會否認這個真實，不相信這個親人真的過世，他會幻想是醫院弄錯了報告結果，或這個親人是去了渡假而不在香港，又或他只是昏迷了，找到更有效的藥幫助後，他會平安無事。另一個普遍的情況是：在戀愛或婚姻關係當中，對方在你毫無心理準備之下向你提出分手，否認也是一個幫助自己暫時不去接受殘酷事實的途徑。

阿珊的父母在她年小的時候便已離異，她一直缺乏家庭温暖。遇上強哥後，她一直認為，只要和強哥在一起，她就會得到所缺，會幸福快樂。雖然強哥對她的態度冷淡，並且在外邊有很多緋聞，但她仍然深信強哥是愛她的，只是被外邊的女性纏繞，或者偶然風花雪月一下而已。直至有一天，強哥的婚訊傳到阿珊耳中，而結婚的對象並不是她。阿珊仍然不能相信這是事實，她心想，這只是別人的惡作劇。及至婚宴晚上，阿珊仍然深信強哥是愛自己的，只是迫不得已才跟這人結婚，其實他並不愛他的太太……阿珊仍然抱著希望，希望強哥有一天會離開太太，與她在一起。

在許多人的成長裏，他們的家庭或許不接納某一些情緒，因此家庭成員都會避忌，漸漸從意識中否定這些情緒的存在。有些時候你會遇到這樣的人：他們的面部表情明明已經顯示出憤怒，聲線升高，滿臉通紅，但如若你問他是否很嬲，他會說自己不是嬲，只不過大聲想把事情交代清楚一點。原來很多時，人會完全不意識或不接受自己的憤怒，所以，當別人去詢問他的感受時，他會完全否認，連自己也都完全相信自己並沒有嬲怒！

5.6. 防衞機制的利與弊

防衞機制是神賦予人的一種自我保護機能，幫助人去面對變幻莫測的世界，保護脆弱的心靈，幫助人繼續生存下去。就如身體穿上了一個透明外殼保護罩，可以阻擋任何外界的飛沙走石或突如其來的傷害，但是卻會對外界的感應較為遲鈍。如果保護罩的密風程度很高，那與外界的感應便更加隔絕，無法明白外在的世界。保護罩是人心理上的工具，用作臨時的舒緩，過渡非常時期，但是，如果長期使用的話，便會與自己的內在情緒及行為反應失去聯繫，不能理解自己失控的情緒，也會曲解別人及外在的世界，以致無法理解自己及他人。

前面三種心理防衞機制與後面三種的防衞機制不同之處是：前者(理智化、移置、理由化)所處理的不被接納情緒是，仍然有部分存留於意識層面，只不過當局者不想直接地承認及表達，略為隱藏這些情緒；但是後者(潛抑、投射、否定)的機制是較為嚴緊，不被接納的情緒被推至潛意識當中，以致他們自己也不察覺有這種感受存在。

一般人都不止使用一種心理防衛機制，人們往往會在不同的情況下選用不同的防衛機制，但是一般來說，較常採用某些防衛機制，在某一程度上亦代表了這個人的心理健康的程度。前面六種的心理防衛機制，是按高層次至低層次的次序排列的。高層次的心理防衛機制是比較能夠接納內心情緒的，使用者可以在意識層面上感受到情緒的存在，相對來說，低層次的機制會將情緒轉移到潛意識當中，是較不理想的。因此，如果受助者側重使用後三種心理防衛機制，治療的過程便會比較艱鉅，因為不容易幫助受助者接觸自己的某些危險情緒，而他們對自己和別人的想法會有某一程度上的扭曲，需要頗長的時間來進行調節。首先要堅固受助者的自我形像，才可以慢慢使他們放下自己的防衛機制，嘗試去接納自己的真正感受及面對真我。

防衛機制會消耗很多內在精力，努力不去意識部分或全部情緒信息。這就有如當一個人不想別人知道自己一個秘密，就會用謊言去掩飾自己的秘密，但是一個謊言的漏洞往往導致要多說另一個謊言去掩飾，一個謊言接另一個謊言，令當事人心境疲累，怕秘密會被識穿。所以，使用防衛機制有如自己要對自己掩飾那不被接納的秘密，需要用不同的謊言去掩飾事實，消耗很多內在精力，將不同的資料分隔，以致不同部分的資訊不能貫通，保留自己不去意識的秘密。

除了精力的損耗外，這種分隔式 (compartmeatal) 的信息處理的方式，也影響一個人對事情和人物的分析性，因為內部資訊不能融匯貫通，無法將複雜的資料組織成有條理的整合資訊，形成同時間存在幾種分隔式的論點，極其影響一個人的學習能力及表現。

> 麗莎這個人雖然聰明，但是在學業成績和工作表現卻未如理想，對於整合一些概念上的理解往往有困難，未能全面掌握，也未能將過往所學的知識應用於新的學習上，不能融匯貫通！

麗莎因防衛自己的情緒，而導致分隔式的學習模式，她雖然很勤力，成績卻不理想，也感非常吃力。透過治療過程，她對自己的防衛機制有所了解，對自己的情緒和真我的接納度開始增加，明顯感到學習新知識並不如以往般困難，很自然地把舊的和新的知識連貫起來，應用時也很流暢，好像不需費力就能夠掌握明白融匯貫通。她自己也很驚訝，治療對她竟然帶來這方面的幫助！

5.7. 人際關係的障阻

防衛機制不止影響我們認識自己，也影響我們與人的關係，在接收別人信息的過程中，往往可能將部分信息扭曲或接收得不清楚，導致對人誤解、曲解，或甚致錯解；而同時自己也無法將自己真正的感受和想法表達出來，也容易導致別人對自己的誤解，於是人際關係的歷程變成錯綜複雜，講也講不清，也不知從何說起！

5.8. 屬靈生命的呆滯

防衛機制也同樣影響我們與神的關係。很多信徒往往表示他們很難明白神的心意，關鍵的問題是人未能真實面對自己的情緒、面對真正的自己，所以也不能感受神的心意。大德蘭(Teresa of Avila)指出「認識自己」，是一個成熟、能夠辨別神聲音的人的必要條件，只有從自我認識的歷程中，我們才能開始洞悉神在我們生命中的意向！[4]

認識自己的過程，包括漸漸放下自己的防衛機制，誠實面對自己的感受和接納自己的本像。史密思(Gordon Smith)指出，如果我們不能接受真正的自己或不喜歡真正的自己，我們也不能夠自由地與神相遇，真實地回應神；我們只是在扮演另一個人，活在謊言裏。[5]同樣道理，不能誠實面對自己的人，也不能真正與人建立關係，更何況是神！

防衛機制的設立，就是保護自己，不想受到傷害，不想知道真正的事實，因此，這個機制也大大影響我們準確接收信息的能力，以致我們無法全面的了解和認識神及身邊的人。可能有些信徒會說：「我真的很開放自己去聽神的聲音，但是甚麼也聽不到！」其中一個顯然的問題是：一般人都察覺不到自己的防衛機制，又怎樣知道自己不在防衛呢？如果這個信徒對自己內在的感受也不敏感，未能洞察，又如何有能力去洞察神的心意？他可能連別人的感受也未能洞察呢！在筆者的臨牀經驗中，當人接納和敏銳於自己的感受，洞察神的心意漸漸便會變得自然和可能！

因此，能夠誠實面對自己真正的感受，就能提升自己的感受能力，促進與人、與神建立一個真正的關係，梅頓(Thomas Merton)建議我們需要回到小孩子的單純，以致我們可以發現真實的自己和真實的需要。[6]在自我接納的過程中，會經歷一種「起始的自由」(fundamental freedom)。陶恕(A.W. Tozer)稱之為「不再掩飾」的自由(freedom from pretense)，使人脫離罪的欺騙，不再活在自己的謊言中，也不再被恐懼所捆縛！[7]

放下自己的防衛機制，除了指認識自己的感受和接納真正的自己，也要學習放下對神的形像的投射。第四章提及我們自小與父母的關係和過往的經歷，會形成我們的自我信念以及對權威形像的信念。例如：如果我父母非常嚴厲、要求高、常常挑剔我們，長大後，會形成對其他權威人士有恐懼，容易認為他們也像自己的父母如此嚴厲和苛刻。這就是防衛機制「投射」的運作，把自己很怕父母嚴厲苛刻的部分投射到別的權威人士身上。同樣道理，神作為我們生命中的權威，我們也很容易將我們父親母親的特質，也投射到神身上。因此，我們每個信徒對神的描述和看法是不同的，雖然我們都是讀同一本聖經，所以開始明白自己如何將不是神的特質投射於神的身上，需要放下防衛機制，嘗試去真實地認識神，不再堅持一些不正確的觀念。

成長練習

以下的練習可以單獨反思或用作小組討論之用。

練習一

注意自己是否不在意自己的情緒，或很少向人表達自己的情緒，較傾向表達自己的想法？甚至有時自己也捉摸不到自己的感受，也不知怎樣表達內在的複雜感受？如果是的話，這是時候你需要開始面對自己防衛機制了！面對這個狀況，你有甚麼感受？

____

____

練習二

請你回想以往如何阻擋自己去意識適應性的原始性情緒。

____

____

練習三

以下六種的心理防衛機制中，哪種是自己曾經或現在仍然使用的？請描述一件使用這防衛機制的事件。

(1) 理智化：______________________________

(2) 移置：______________________________

(3) 理由化：______________________________

(4) 潛抑：______________________________

(5) 投射：______________________________

(6) 否定：______________________________

練習四

要意識自己的防衛機制並不容易，可能你自己只能意識到有限的部分，但是透過自我檢視情緒的狀況、聖靈的指引或別人的提示，可以幫助你擴闊對自己的防衛機制的認識。你可以向神禱告，求祂讓你回想起一些自己不願承認的某些情緒或缺點，以及當時的情境。

____

____

練習五

你也可以選一些較可信賴而又認識你的家人、朋友、主內弟兄姊妹或屬靈導師，請他們分享你如何防衛他們，指出自己的盲點和自己不能正視的地方。

____

____

練習六

6.1. 當你遇到痛苦的情緒困擾，你是否會有一些下列的沉溺行為？(請以 ✓ 表示)

- □ 吸食過量刺激性飲料或食品，例如：酒精、咖啡、可樂、吸煙、毒品
- □ 賭博
- □ 性濫交、過度自瀆
- □ 購物狂、工作狂
- □ 危險性活動，例如：開快車、玩滑板
- □ 暴食或厭食、不斷減肥
- □ 強迫性的行為，例如：過度不斷清潔、所有東西必須按特定次序整齊排列
- □ 割手、傷害自己身體
- □ 其他：______________________

6.2. 如果你用以上的沉溺行為去逃避面對痛苦情緒，你該開始注視這些問題，向神禱告，把這些困擾的行

為及其不良的影響告訴神。你是否願意嘗試放下自己的方法(這些沉溺的行為)，求神介入生命中去幫助你？

6.3. 你可能覺得你曾經也如此向神求，而最後仍然依然故我而感到氣餒！神是否能介入我們生命中的黑暗點，在乎我們是否能夠面對自己的問題，讓神進入；如果我們自己也去逃避不面對自己的困擾情緒，信仰也難以介入幫助我們。你是否願意去正視自己沉溺行為背後的痛苦情緒，嘗試把你的痛苦告訴神呢？

6.4. 除了神以外，嘗試找一個可信任的人，把你的掙扎和痛苦告訴他／她，請對方為你禱告，支持和鼓勵你。如果你不知道找誰，可以禱告神，引領你找到這個人。

6.5. 如果你或你信任的人覺得沉溺行為嚴重，不容易改變，一起禱告去尋找專業人士的幫助。

練習七

回顧過往與神的關係，是否也感到很難明白神的心意？其中是否也與你未能面對真實的自己有關？向神禱告，把你的困難和心意告訴神，你希望與神建立一個怎樣的關係？

練習八

防衛機制一方面是神給與人自衛求生的能力，另一方面成為了我們自我掩飾的工具。你會如何面對自己過往怎樣利用這個工具去傷害自己、別人和與神的關係？把你的感受和需要告訴神。

___

___

練習九

童年時與父母的關係，如何影響你對權威的看法？是否有令你恐懼權威、不信任權威或對權威莫不關心？這些對權威的看法，又如何影響你與神的關係？

___

___

___

6 情緒的經歷

6.1. 沒有情緒的悲哀

情緒是人與生俱來的天賦能力，如果失去了感受的能力，人的生命會變得黯然無光。有些交通意外的傷者，他們的大腦在意外中受創，負責管理情緒的部分因而不能負起原有的感受的能力。這些人的其他腦部功能雖然都能正常運作，可以思考、可以計算，但是他們卻失去決定和解決問題的能力，因為他們缺乏了情緒所給予的第六感去指引他們完成這個歷程。他們未能夠感受颱風牽引情緒發出的危險信號，仍然冒風雨跑去醫務所。也不能決定將原定日期改為下星期二還是下星期四，因為沒有了情緒的指引，他們不知道哪一天較為理想。對於計劃將來，如何投資或發展哪一方面的專長，對他們來說，是極傷腦筋的問題，因為他們不知該如何從眾多的選擇中作出挑選。他們也因未能洞察別人臉上的尷尬表情，而繼續說些令對方不愉快的說話，因而導致別人疏遠他們。他們更不明白所說的有甚麼不合宜，也不能感受到別人因此而受的傷害，令他們和朋友與親人的關係完全改變，與人無法建立親密的關係！

同樣地，不能感受自己情緒的人，有如大腦因意外受創傷的人一樣，缺乏生命的觸覺和指引，往往覺得茫然，不知道該如何選擇，甚至也不知自己的喜好和理想，只覺得生命是一部不斷運作的機器，並沒有任何意義，更沒有快樂可言！雖然他們並沒有失去感受的能力，但是他們的生活有如行屍走肉，與人的關係疏離，生活毫無意義。這些人比大腦受創傷的人更痛苦，因為他們並不是完全失去感受的能力，也不是完全不知道自己的困難和需要。

因此，容讓自己有感受是非常重要的。當人不接納自己的感受時，心理的問題便開始產生。按照不接納的程度，愈不被接納的情緒，所引發的防衛機制便會愈嚴緊。愈害怕自己會情緒失控或精神崩潰，便會更泥足深陷地要過分控制自己的情緒，以為是幫助自己的方法，其實是適得其反。能夠接納自己情緒的人，從心理上來說是比較健康的，因此，他們精神崩潰的機會較低；反之，愈是抑壓自己的情緒，會令到防衛機制愈加複雜，當長期並過度地運用這防衛機制，便會產生思想上的混亂，分不清甚麼是真甚麼是假，而導致精神錯亂，或可能更嚴重的後果！正如之前所提及的防衛機制，層次愈低及愈為嚴緊的防衛機制，是會扭曲事實的真實性的，所以，長久使用會使人與人及世界脱節，不能面對真正的現實。

6.2. 處理情緒的重要性

巴里非奧(Sandra Paivio)和格林伯格的研究顯示，經歷情緒是情緒改變歷程的主要元素。[1]研究也顯示，在治療中談論一個被情緒牽動的切身問題，較抽離地表達問題，更能令受助者得到幫助。因此，引發起情緒的感受是治療的第一步，治療師能夠提供安全的環境，並且認同明白受助者的感受，是構成治療的成效一個重要元素。

根據臨牀的數據顯示，能夠在一個安全和被支持的心理治療療程中，處理浮現出來的情緒，會是幫助治療者的重要元素。而處理情緒的過程包括：能夠經歷、容忍、象徵化和表達情緒。研究也顯示，若受助者對情緒有嶄新的了解，便能較容易地改變恆常的情緒反應。因此，處理浮現的情緒，對於情緒作出反思而產生新意義，是調節情緒的重要元素。

情緒的意識帶來明白經歷的能力。

6.3. 增加對情緒的意識

對於一些麻木和不習慣接觸自己情緒的人，要他們開始去尋找自己內在的情緒，是一件很困難的事。所以，情緒處理的第一階段所要做的，是增加自己對情緒的覺察性。達馬斯奧指出，人透過身體去感受這個世界，感受和知覺(sensation)首先湧現，將感受和知覺組織起來之後，才產生語言的表達。[2]因此，人需要注意身體的轉變，要敏於自己的知覺，例如：興奮時胃部的知覺有如很多蝴蝶在飛來飛去；眼神所流露的憂愁、喉嚨乾涸，是防止傷心的情緒浮現的先兆；恐懼時腎上腺素的升高；遇到吸引的人，身體荷爾蒙產生改變；以及緊張時，呼吸急速和身體僵硬。感受身體所發放的信號，注意其質感、激烈度和身體某部分知覺的形狀，能幫助人更專注在知覺上。

另外，也要留意隨著知覺信號所帶來的思想。當人有情緒的時候，往往會有審判性的內在聲音(甚至畫像)浮現。例如：「我不可以哭，無用的人才會哭！」這句內在聲音，可能會令你聯想起一個被人唾棄的畫像。因此，若要意識情緒，不只是注意感受，也要留意所包含的思想和畫像。

素清生長於一個傳統的基督教家庭。父親是大學教授，雖然患有精神病，但是卻仍是一家之主，操控大權。母親在家沒有地位，順從丈夫，父親病發時偶爾會毆打母親。這些畫面，素清至今仍然歷歷在目。

當素清踏入治療室時候，她的情緒狀況幾乎癱瘓，甚至有一剎那的輕生念頭。這使她更加惶恐，因為自殺有違她的信仰理念。其實素清的情緒崩潰並不是因為這刻面臨很嚴重的打擊，而是因為她過往一直逃避，不敢面對自己的情緒而形成的。當過往的創傷開始浮現於意識中，勾起過往的情緒記憶，她意識到悲傷情緒湧現，便非常害怕，因為她內心隨即浮現一個聲音：「我不想變成跟父親一樣患有精神病！」因此，她不斷去逃避和壓抑悲傷的情緒，但是情緒的浮現卻無孔不入，使她心力交瘁，活在恐懼的痛苦中，使她失去盼望和動力，不知如何幫助自己！

素清進入治療歷程的第一步，就是學習如何去接納所湧現的情緒，去意識它的浮現，而不是去抗拒它！

剛開始學習意識自己的情緒，會需要不斷機械化的高度驚覺，但是漸漸會變成自動化的機能，自然地意識自己內在的情緒變化。就如熟習之後不用刻意思想，就能自動化駕駛車輛。

6.4. 接納自己的情緒

每一個人都需要被明白和接納，同理心可以幫助人調節感受和反思感受。就如孩子需要父母接納、明白、肯定自己的情緒一樣，成人的情緒也需要被接納和肯定。尤其在成長期父母未能夠給予足夠接納和肯定的人，他們在成人期時，更需要經歷被接納和肯定。

同理心是很重要的催化劑，幫助人加強自我意識，肯定自己的經驗，建立更清晰自我形像，以致能夠委身於自己的信念。

每當小冰向表姊表達內心的憂傷或不滿時，表姊總是不能夠接受小冰所浮現的情緒，不但不能夠給予小冰所渴望得到的安慰：「我很明白你的憂傷，可以想像你一定很難過，不過這只是一個過渡期，相信神會幫助你化解目前的困境。」反之，表姊以指責的口吻說：「你這樣不振作，是神所不喜悅的，這是你自我中心的表現，你不應沉溺在這個自憐的情緒之中。」

雖然表姊的目的是幫助小冰振作，但是她所做的卻是更加否認小冰的內在感受，使小冰更不敢接受自己的感受，也因此更加認為她的感受是不被神接納、自我中心和犯罪的表現。

情緒需要被肯定，否則情緒就會被扭曲、壓抑或變成隨時爆發的炸彈。

不被接納的情緒很容易被人用不健康的方法來處理，演變成防衛機制。因此，持開放接納的心態，對任何浮現的情緒都是很重要的。在處理的過程中，留意自己如何不自覺地又再採用逃避的方式，或轉向自己慣用的防衛機制。

> 當素清開始學習去意識悲傷的情緒，她留意到自己會花比平日更多的時間沉醉在電視節目或逛街購物上，使自己不去意識這悲傷的情緒。這個發現使素清痛苦，因為她不能接受自己逃避事實，而不是努力解決情緒所浮現的問題。在治療師的協助下，素清明白到防衛機制的目的是幫助她，她不需要因此而否定和責怪自己。素清開始接納自己的防衛機制，去感謝它的好意，然後學習提高自己選擇面對悲傷情緒的意識。

遇上類同的情況時，防衛機制總會自動出現來作出保護，因此，如果發現自己又故態復萌，不用氣餒，只要再一次提示自己去接納這個情緒便可。接納情緒有如深呼吸一般：你先吸入這個情緒，感受一下，在這感覺中停留一下，細嚼一下，然後才輕輕放下這個感受。這個歷程是很重要的。就如一個很害怕毛公仔的人，嘗試不去逃避，反而輕輕撫摸一下、接觸一下、感受一下毛質，了解其結構，停頓一下才放下。每一次去感受的時間不需要很長，最初可以是五分鐘，然後漸漸遞增至十五至二十分鐘。懼怕面對這種情緒的感覺也會隨之減少，以至漸漸不再感到不舒服或難受。這種方法，心理學稱為系統減敏感法（Systematic Desensitization），對於克服恐懼的情緒，尤其有效。

素清起初學習感受悲傷情緒時，悲傷的情緒只能停留數秒鐘，然後便被防衛機制或其他想法所掩蓋。後來，在她的刻意學習下，感受悲傷情緒的時間終於能慢慢增長。有一天沐浴後，童年被性侵犯的經歷突然浮現出來。她以前曾經處理這個經歷，但都是理性層面上的處理，今次是第一次在感受層面去意識這經歷對她的影響：她感到全身都在震抖，非常恐懼無助，她努力地睜開眼睛，並且告訴自己，現在是在自己的房間中，是安全的。

在治療過程中，治療師曾教她要分辨情緒的由來，分析這刻的情緒是源自於現在的問題，還是過往的經歷。她知道自己這刻的情緒是來自過往的感受，所以，包容這刻的感受並不會令她陷入危險之中，她便接納和安撫這刻的情緒。當情緒的強烈度漸漸減弱後，她便打電話給她的師母，也開始禱告和讀聖經，情緒便漸漸穩定下來。這個經歷加強了她的信心，她知道自己有能力應付，不用害怕強烈的情緒。

過往的創傷情緒如果一直都被壓抑下去，卻從未被感受的話，那麼，第一次去接觸這個情緒的時候，通常都會感到有如排山倒海的強烈情緒反應。但是，情緒有如海浪，會有自然的週期性起伏，會有澎湃的時候，也有消退的時候，不停轉化。只要人不去阻擋和逃避情緒，它會自然地來，自然地去。有很多人擔心情緒會停留不去，會以後永遠痛苦、不開心、不能從黑暗的洞中再走出來。其實這擔心並不實在，只有輔助性和非適應性的原始性情緒才會停滯不前，但是，核心的適應性原始情緒是會因應環境而浮動改變的。人愈逃避某個核心情緒，這個情緒因被壓抑，被釋放的需要便愈大。因此，一不留神，這情緒很容易又再浮現。但是，如果大方地接受這個情緒，那情緒便來去自如，沒有壓迫，也沒有大的回彈力。相對地，情緒的激烈程度減少，也就更容易減退。例如一個人怕被別人碰倒，因此行動時特別小心，尤其在人羣之中，左閃右避，就算成功地避免了碰撞，但過程中已飽受驚嚇。一個不留神，陣腳不穩，那碰撞的殺傷力比不閃避的更大。相反地，如果不介意會被碰倒，在人羣中行走的歷程便來得舒服自然，雖然可能會被碰擦一下，但是被碰傷的機會則很低，愈抱緊恐懼的心態，愈會將問題複雜化，以致恐懼會發生的景況變為真實的可能性就更高了。

像我們之前所提過的祖業，他動輒拂袖而去的怒氣令他沒有甚麼知心朋友，信主之後，其實他也常常因自己爆發怒氣而後悔，想到自己令所愛的人受傷害，他的內心非常自責，也非常矛盾，不知道怎樣做才好。祖業需要接納自己是一個容易憤怒、不善於處理憤怒情緒的人，雖然憤怒一直是幫助和保護他，但是不合宜使用會造成傷害，因此祖業需要首先明白自己憤怒的原因，然後決定該如何合宜地表達！

情緒的錯綜複雜，有如一個迷宮，只要能夠朝向情緒；學習接納和經歷，就能從中找到處理這情緒的出路，並找到自己！

6.5. 明白自己的情緒

情緒的發生有時未必可以理解，只要抱著接納和好奇的心態，去感受和了解，漸漸就會明白更多。這刻所感受到的情緒，並不表示你將永遠如此。

素清很不能接受自己有莫名的憤怒，由於不知道這些憤怒的由來，所以很害怕有此感受或表現。當她接受治療師的邀請，不去判斷這表現的對錯，而是去明白憤怒背後的原因和意義，她開始漸漸意識到自己只會向不認識的人發怒，而對她的朋友、上司及家人，她從來不敢表達憤怒，也很懼怕他們的憤怒。這令她聯想起父親精神病發時，那種憤怒傷人的情景，這使她明白自己對憤怒情緒恐懼的緣由。

很多人很害怕自己對人存有憎恨的心，當有此情緒浮現的時候，就會很不能接受自己就是一個憎恨他人的人。其實，憎恨的情緒是很普通的，每一個人都會有感到憎惡的時刻，但並不代表有此情緒感受的人，就是一個憎恨人的人；情緒並不是真理的結論，它只是提供那一刻的內在資訊給自己，只是形容一個人的內在情況，而並不一定反映事實。憎恨的情緒浮現，只是反映了自己被對方的行為嚴重傷害，是一種強烈保護自己的信息。由於不想再被傷害、不想再去愛，不想再去接近對方，因而會產生憎恨的感受。祖業對自己憤怒的表現感到非常痛苦，他不能接受自己的行為有如他的叔伯們，造成對別人的傷害，其實憤怒只是反映了他過去曾不斷地被欺負的經歷，因此，情緒自然發出必須保護自己的強烈信息，並不一定反映現今事件的嚴重性。祖業只需接納所浮現的憤怒情緒，而不用去行動，嘗試去明白憤怒的緣由，有部分是來自過往的傷害，容易過分敏感，有部分是因現今的事件而感到受傷，學習用言語表達他的感受，而不是傷害對方。

情緒並不等於行動，因此，浮現想殺了對方的思想，並不等於就會殺死對方。那只是被嚴重傷害後激發的強烈憤怒，想報復對方，以洩心頭之恨，但這只是片刻的強烈憤怒情緒浮現後，繼而產生的思想，並不等於另一刻的感受。當想到對方的好處時，內心又會浮現內疚和寬恕的感受。愈強烈極端的情緒，往往只是代表關係或事情的某一個角度，現實卻同時包含著另一個極端對比的角度、另一種相反的情緒。例如：愛與恨是一個組合，恨得愈深，也是因為愛得愈深；

絕望與希望是另一個組合，一個絕望、想放棄、自毀的人，同時也擁抱著一個小小的希望，那就是希望可以有一個新的改變。因此，一刻的情緒並不等於事實的全部，有某種情緒也不等於要立即衝動行事。

每次當詩樂的情緒極度低落時，自殺的念頭頻頻在她的腦海中出現。當她認為割手再也不能釋放那種痛苦煎熬的感覺時，跳樓的意念就開始浮現。她房內的窗花成為她的焦點，盤算如何打開已鎖好的窗花。多少個晚上，她不能入睡的時候，就是在窗前徘徊掙扎。詩樂知道自殺並不是一個好的選擇，但是當她愈去抗拒這個念頭時，她發現自己愈是不能自控，這種來來回回，重重複複的掙扎，使她疲倦、痛苦、絕望、好像跌入深淵，不能自拔。每一次的掙扎，只會使她跌入更深的痛苦中！

詩樂要學習明白，自殺的念頭是源自於解脫痛苦的一個方法，其目的不是真的想傷害自己，乃是一種保護自己的方法，不想再痛苦地找尋出路。當詩樂接納自殺是一個自我保護的信號後，她給它起名叫「哥斯拉」，於是每一次哥斯拉浮現後，她就請它進來，多謝它的關心和帶給她保護的信息。奇妙地，當詩樂不再和哥斯拉鬥爭，那種極度痛苦、絕望深淵的感覺也自然消失，反而令她減少自殺的傾向和嘗試。

當詩樂漸漸更能掌握自己痛苦的情緒，敢於面對的時侯，有一天她很高興地告訴筆者一個新的發現，今早那種獨個兒在大海裏漂浮的感覺如常出現，並且更加強烈，但是因為她開始懂得如何跟它相處，慢慢看穿它的小把戲，不在輕易地被它欺騙，告訴自己有多絕望，快將遇溺。

詩樂終於明白那種獨個兒在大海裏漂浮的感覺，並沒有任何危險，因為明明是浮在海上，但是過往這幅圖畫令她產生很多恐懼，以為自己快要沉溺，不斷強迫自己更加努力，不能怠慢，一定要依時間表完成，那種自我催迫的壓力使她喘不過來，被這種討厭自己的感受日夜煎熬，成為她最大的痛苦，雖然之前她也明白痛苦的緣由是自己的標準太高，但是仍然不知如何產生這種自我催迫的壓力，不知如何停止，今天她終於得到釋放。從前她急著數算自己病了多久，還有多久才康復，恐怕愛自己的人都會離開自己，今天她知道無論她走得多慢，天父仍然會陪著自己，她不再需要痊癒的時間表。

6.6. 用語言形容情緒

6.6.1. 用語言形容感受的重要性

能夠用語言去表達自己的情緒，是一種高度文明的表現。年幼的孩童和落後的民族，因為語言系統簡陋，所以是藉由行動去演繹情緒，而不是用語言說明。例如：憤怒時打人，悲憤時大哭，妒忌時搶奪別人的東西等等。所以，學習用語言形容情緒是成熟和適應社交生活的表現。

情緒調節的首要的任務是意識自己內在的情緒，情緒的意識並不是思想自己的感受，而是從意識中去經歷這個感受，然後以語言將身體五官的感受和行動傾向的象徵意思表達出來。人要學習去表達傷痛的感受，而不只是以哭泣去代替；小孩也要學習表達憤怒，而不是以打人去表達，要學習用語言去阻止被傷害和保護自己，而不是武力傷害別人。語言的表達也可以幫助人明白自己的經歷，吸納經驗成為自己生命故事的一部分，也可以從反省中創作新的意義，改寫生命的故事。

當素清被問及她的需要和期望時，她總是說「不知道」或轉引別人的想法或期望，她好像不能接觸她內心的渴望，而希望別人告訴她，她該如何決定。當治療師發現這一點，邀請她分享內心的渴望時，起初她感到有些困難。後來她學習用語言表達內心的感受，將感受化為文字的過程令她更明白自己的情緒和感受，藉著情緒給予的指引，她意會到自己的內在需要和渴望的是甚麼。她也頓然領悟到，原來她的「不知道」並不是真的「不知道」，而是她不敢去知道或不想知道。

這個歷程使她的個人形像變得鮮明，不再如以前般模糊不清，也讓她從被動的受害者角色轉化成為一個有主動選擇、有自主權的人物。當素清開始以文字的方式將她的感受寫在靈修日誌中，她對自己情緒有更多的明白和掌握，以前令她感到混淆不清的感受，開始變得有點條理，使她可以明白、理解和更加掌握自己的情緒。她知道甚麼的景況會使自己有怎樣的情緒反應，這樣便可以計劃和預算，對自己的狀態有更大的操控權。透過理解去改變處理問題的方式，從而改善情緒困擾的困局！

之前曾提及的祖業也需要像素清那樣，學習用語言表達自己在憤怒感受背後曾受的傷害，以致別人能夠明白他。這個用語言交流的機會，也可以驗證祖業對事件的看法是否正確，讓對方有機會解釋自己的真正意思，澄清其中的誤解。這可以幫助祖業更加清楚知道自己的反應是否出於過敏，而這些過敏反應如何造成對別人的誤解，導致無謂的人際關係的傷害。

博哈特 (Arthur Bohart) 的研究顯示，受助者如果能夠表達憤怒的情緒，並且反思這情緒，較只是反思或表達憤怒的情緒，更能有效地化解憤怒。[3] 因此，能夠注意身體那刻的變化，意識身體五官的感受，然後思想可以將身體的變化用語言表達其象徵的意義，把神經化的信息流入意識的經驗，然後化成個人意義的象徵，會幫助身心健康，並且有以下的好處：

6.6.1.1. 幫助明白自己的感受和需要

組織語言的表達，就有如重新處理整件事情的始末。形容自己的情緒，可以幫助整理自己的感受，也容易知道怎樣去解決問題。我們往往很容易表達理性的思想，不容易去表達感受，但是如果嘗試去找出感受，就會發現和更明白自己的需要。

美芝常常投訴妹妹不乖，不聽媽媽的話、偷看電視和偷糖吃；但是當她被問及看到妹妹不乖的行為，她有甚麼感受時，美芝表達她感到憤怒和不公平，她不明白為甚麼妹妹如此不乖，仍然得到媽媽的關注。

透過美芝表達的感受，筆者開始明白到，美芝需要得到媽媽多一點關注。相比妹妹，她聽話的表現並不能得到媽媽的注意。由此可見，能夠組織感受，用語言去形容出來，會幫助我們更明白自己的需要和那刻的反應，對自己的情緒和表現產生新的理解。

6.6.1.2. 幫助自己減低情緒的困擾

語言的表達幫助我們重新理解過往的痛苦或創傷經驗。沒有語言的形容，過往的經歷只透過視覺、聲音和影象儲存在情緒記憶路線。當人透過語言形容創傷的經歷，創傷的經歷便可以得到理性的分析，因而有助於找出非理性的負面思想，也可以找出問題的導因、個人的責任界限，從客觀角度去分析整個創傷的經歷，幫助解開阻擋從創傷中復原的結。因此，用語言形容情緒可以幫助整合大腦的非語言資訊及語言資訊，可以更有效地處理不同情緒。

6.6.1.3. 幫助自己增加對自己經驗的主控權

明白自己的感受可以使人對自己的經驗有一種自控的能力，亦更加強人對自己的感受的信任，更有能力去處理自己的感受。用語言表達感受，能幫助人抽離感受，以致可以透過思想去評估和分析感受，減低該感受對人的威脅性。當人可以描述自己的感受，而明白自己為何有此感受時，感受的痛苦程度就會減少，並且令人更容易接納這個感受，其他因此而起的徵狀也會減低。

文遜有間斷性心跳和呼吸困難的徵狀，由於情況日趨嚴重，所以他甚覺困擾。他曾尋求醫生的幫助，也做了檢查，並沒有心臟問題，醫生提出可能是與心理有關。文遜十分擔心自己患上了精神病，於是，尋求心理治療的幫助。當他明白他患的是驚恐發作 (panic attack) 的徵狀，及其導因是情緒作祟而不是發神經時，他立即較為安心，整個人也放鬆下來。

在治療的過程中，治療師發現文遜每次驚恐發作之前，都出現同樣的情緒——憤怒，而他憤怒的原因往往與他和父親的關係有關。他非常敬畏父親，面對父親對他的不公平對待，他也不敢表達不滿，但是每次想起或見到父親後，都會感到憤怒，然後有驚恐發作的徵狀。當他明白自己的情緒和情緒所帶來的徵狀和原因後，他覺得多了一種主控權，便不需要再接受治療，他可以接納自己的情緒和驚恐的徵狀。

語言可以增加人與感受的距離，以致「我」雖然感到「無價值」，但是明白「無價值」並不等於我的全部，「無價值」也不等於「我」。因此，語言的表達可以加強人對自己的情緒的控制感，而不再是情緒的受害者。當祖業可以用語言去表達他的憤怒，他開始感受自己對憤怒經歷加增一份主控權，令自己可以與憤怒的感受增加一段的距離，然後可以確定要如何處理和表達這情緒。

6.6.1.4. 幫助溝通，增加別人對自己的明白和接納

要令別人可以明白自己內在的感受和經歷，我們需要透過語言將其中的感受描述出來，才可以令別人有更深的體會和明白，以致可以得到別人的同行，生命才不會孤單無援。別人對自己感受的接納和明白，更加是一種精神上的養分，使心靈得到認同和支持，增加關係的親密度，同時也減少不必要的誤解。家人及夫婦的關係問題，往往基於彼此的溝通：缺乏表達真正的感受，以致容易造成誤解和不明白。缺乏表達感受的關係很容易成為功能性的關係，因而缺乏深度的認識和接納。

經歷情緒與親密關係息息相關。沒有經歷過情緒，便不能感受和表達對人的愛，也不能接受和經歷別人的愛。

6.6.2. 如何形容感受？

當人被問及他們對事情的感受，所答的往往是他們的想法而不是感受。一般人對感受和想法的區分並不清晰，很容易將兩者混為一談。因此，學習辨別感受和想法，是學習管理情緒的重要部分。由於感受的種類繁多複雜，當我問及受助者的情緒，我會給予五個基本情緒作為可選擇的答案，請他們細想目前的感受是屬於哪一類：(1) 愉快、(2) 悲傷、(3) 憤怒、(4) 恐懼、或 (5) 驚訝。在第一章中曾解釋，從基本情緒入

手，可使初學者較為容易掌握，以後可漸漸加入第二層的綜合情緒。我發現這個方法較為容易讓受助者掌握與區分感受和想法。

有些人被問及感受時，他們所給予的答案往往是「無」、「OK」、「一般」或「差不多」。這可能反映他們仍然未能仔細區別不同感受，或者那刻的感受較為不明顯。其實我們每一刻都會有感受，但是並不是每刻的感受都是強烈的，但是如果細心分辨，也可以找出那刻微小的感受是甚麼。學習把握每刻微小的感受，可以幫助自己更掌握自己的內在狀況，不斷的練習，會使自己對內在的感受更為敏銳，可以發揮高度作用。如果你發現自己的答案含糊，請你再細心分辨一下，五種的基本情緒中，哪一種較為接近你現在的感覺，哪怕這種感覺只是很微弱。

以下是一些慣用表達情緒的形容詞，嘗試把他們概括在五種基本的情緒中：

(1) 愉快：興奮、快樂、肉緊、熱切
(2) 悲傷：不開心、哀哭、鬱結、無心機、難過、被忽視、痛苦、絕望、灰心、思念
(3) 憤怒：忟憎、嬲怒，不予理會、苦毒、暴怒、發脾氣、鄙視、嘲笑、怨恨、心煩(這是一個普遍用的形容詞，需要細心區分是不滿的煩或是擔心的煩)
(4) 恐懼：緊張、擔心、憂慮、驚恐、慌亂、不安、歇斯底里、煩惱
(5) 驚訝：好奇、迷惑、不信、敬畏

比喻也是幫助自己去象徵內在經驗的常用方式。有些時候，表達情緒的形容詞似乎並不足以形容內在的感受，用象徵性的比喻，可能更為貼切。例如：被夾在其中、感受如熱鍋的螞蟻、千鈞一髮、吊在半空、不上不下、面面為難。

6.6.3. 情緒日誌

彭尼貝克（James Pennebaker）的研究有效地顯示用語言去象徵和組織感受的重要性：[4]當人可以重複四次（每次用二十分鐘）寫下創傷性或困擾的事件所帶來的情緒的感受，這已經對人的健康有很大幫助。因此，寫「情緒日誌」可以幫助人明白自己的經歷和發展，整理出一個有條理的生命的故事。

情緒日誌與靈修日誌有共通之處，它們都集中表達我們內心的感受，而不是記事，只是對象不同而已。情緒日誌是寫給自己看，而靈修日誌除了是與自己對話外，也是與神對話，是聖靈引導我們把內心的說話告訴神，並且聆聽神對自己的回應。日誌是一個幫助自己去理解自己內在情況的渠道：讓我們留意內在浮現的意識，監察情緒的演變，真誠面對自己內心所懼怕面對的情緒，尋索內在的需要。用文字去整理內在的複雜思緒和感受，比單單坐著思想更為有效。除了幫助我們去整理內在的歷程外，日誌也作為一份心路歷程的歷史珍藏，成為以後美好的回憶。

6.6.4. 情緒的記錄

情緒記錄（本章練習一）是可以幫助自己更仔細分

析情緒的來龍去脈，並且因而引發的身體徵狀、附帶的思想和行為模式。能夠經常反省和檢討自己的情緒表現，可以幫助我們更掌握及了解自己內心的情緒模式及反應，對於學習調節及轉化情緒很有幫助。

除了經歷感受外，反省所經歷的感受也能幫助我們從情感的層面整合理性與感受、現在和過往的我，以及文化和社會的知識。這也是人如何從生命中尋找自己的意義。

6.7. 用非語言的方式去明白情緒

除了情緒日誌之外，也可以透過非語言的渠道，例如：繪畫、雕塑或音樂表達內在情緒。這類方法對尋找一些含糊和不明顯的情緒特別有幫助。

麗莎很難明白自己的感覺。對她來說，面對憤怒的情緒並不容易，因為她的憤怒情緒很快轉化成為恐懼或憂傷。於是，治療師邀請她嘗試用圖畫描繪她的感受，她最先用咖啡色畫了一個圓圈，代表她的憂傷和孤單，然後是在圓圈的周圍加上籬笆，最後畫上啡綠色的強烈圖紋，幫助她接觸憤怒的感受。這個描繪的過程幫助她更能感受到自己的憤怒，籬笆幫助她為她的情緒設下邊界，以致情緒不會失控。(圖見本書頁227)

繪畫的歷程，不只是幫助自己去接觸一些隱藏和難以面對的情緒，並且也提供了豐富的資料，讓我們了解自己如何處理不被接納的情緒，並且了解情緒的強弱度、情緒背後的負面思想和不同情緒的互動關係。麗莎最容易感受的是悲傷的情緒，她描述咖啡色的圖案是一攤泥。當治療師建議她用言語去描述這一攤泥的心聲時，她說：「感到不被接受，非常孤獨，沒有人喜歡我，自己比其他人差！」這些心聲代表麗莎的自我形像和經常浮現的負面思想。當麗莎開始用綠色畫籬笆的時候，她開始感受到一些憤怒的情緒，她畫畫的力度加強，反映出她的情緒裏面那股衝力。籬笆代表一種邊界，它包圍著危險的情緒，給予一種安全的保護，以致負面的情緒不會失控。當籬笆建立起來後，麗莎才容許憤怒的情緒浮現於啡綠色的圖案中，這個繪畫的歷程幫助麗莎去感受危險憤怒的情緒，同時又讓她去領悟如何提供安全的環境，讓負面情緒可以自然地浮現。

成長練習

以下的練習可以單獨反思或用作小組討論之用。

練習一

情緒記錄

這個練習可以增加對自己的情緒的意識，透過記錄的方式令自己更認識情緒。開始時可以每天練習，把當天意識的情緒記下，如果太多，可以選擇記下一至兩個較強烈的感受。如果覺得沒有任何情緒，也要嘗試找出一個可能不太明顯的情緒，幫助增加自己對情緒的敏感度。

如果用記錄的形式，以下的圖表可以作為參考模式。

情緒記錄 日期：____/____/____

引發情緒的事件：____________________

____

____

形容你的情緒	引發情緒的原因	情緒的對象	情緒持續性	陪同情緒的身體徵狀

陪同情緒的思想：____________________

____

情緒導致的行為表現：____________________

____

總結及反省：____________________

____

回應禱告：____________________

____

如果用日誌的方式，可以包含以下十點：

(1) 引發情緒的事件

- 外在因素——形容引發的情景

- 內在因素——被甚麼思想或回憶引發

(2) 形容你的情緒：起初有困難去找出自己的情緒，可以嘗試從以下5種基本情緒中選擇：
- 憤怒
- 愉快
- 悲傷
- 恐懼
- 驚訝

(3) 引發情緒的原因

(4) 情緒的對象
- 自己
- 別人——指出對象的名稱

(5) 情緒持續性：維持多久
- 來得急、去得快
- 持久不退

(6) 陪同情緒的身體徵狀；例如：身體僵硬、膊頭痛、心跳加速、身體或手發抖、頭痛

(7) 陪同情緒的思想：請寫下浮現的負面思想／自責的意識的字句

(8) 行為傾向：情緒導致行為的表現，例如：
- 逃避／離開人羣
- 侵略／攻擊
- 睡覺、不去面對
- 吃東西、購物抒發情緒
- 賭博
- 危險性活動，例如：開快車、玩滑板
- 性濫交、過度自瀆
- 購物狂、工作狂
- 暴食或厭食、不斷減肥
- 割手、傷害自己身體

- 吸食過量刺激性飲料或食品，例如：酒精、咖啡、可樂、吸煙、毒品
- 強迫性的行為，例如：不停清潔、所有東西必須按特定次序整齊排列
- 其他：＿＿＿＿＿＿＿＿

(9) 總結及反省：從這個經歷中，洞察對自己情緒有甚麼新的理解和認知，有何反省的思想和對自己需要有新的領悟。

(10) 回應禱告

練習二

2.1. 你是否能夠接納自己的負面情緒？

＿＿＿＿＿＿＿＿＿＿＿＿

＿＿＿＿＿＿＿＿＿＿＿＿

2.2. 當你經歷以下的情緒時，內心會浮現甚麼想法？

(1) 憤怒：＿＿＿＿＿＿＿＿

(2) 悲傷：＿＿＿＿＿＿＿＿

(3) 緊張：＿＿＿＿＿＿＿＿

2.3. 留意你如何去逃避、不去經歷以下的情緒：

(1) 憤怒：＿＿＿＿＿＿＿＿

(2) 悲傷：＿＿＿＿＿＿＿＿

(3) 緊張：＿＿＿＿＿＿＿＿

練習三

按先易後難的次序排列憤怒、悲傷和緊張這三種情緒。閱畢注意事項後，再按以下的步驟進行練習，學習如何經歷情緒：

(1) 當情緒開始浮現時，安然地停留於這情緒中，不要急於催促自己要有更深的經歷，也注意不讓自己太快轉移。

(2) 嘗試用言語去描述這個感受。
(3) 嘗試去完全接受這個感受。
(4) 記下自己能夠停留於這個感受的時間，然後逐步增長停留的時間。

注意事項：

(1) 在經歷這個負面感受的期間，留意自己內在經歷到的五官知覺和身體徵狀。
(2) 留意自己如何打斷或逃避這個負面的情緒。
(3) 留意當經歷情緒時，隨情緒而浮現的負面信念。
(4) 留意身體的反應：例如哀愁時的歎氣、憤怒時的一股氣或緊張時的身體顫抖。這些都是一種情緒的核心表達，可以幫助舒緩情緒的強烈度。在表達的期間，可運用深呼吸來幫助調節情緒的強弱度。
(5) 如果感到情緒太強烈，可以邀請耶穌進入你的情緒狀態來幫助你。耶穌在你身旁，你可以將你的需要和感受告訴祂。
(6) 嘗試去接受這個感受，而不是抗拒它。注意過程中有甚麼改變。

練習四

4.1. 嘗試想起過往一段痛苦的經歷。

____

____

4.2. 注意身體的反應，嘗試只是接納這感受，不去抗拒這個感受。學習用深呼吸和歡迎的態度去接受情緒背後的信息。

____

____

4.3. 如果未能用語言去表達或明白這個感受，可以透過畫圖畫：用不同顏色和線條代表不同的感受。

4.4. 形容你現在的感官反應，這些反應表示你有甚麼需要？如何令它更舒服一些？如果你需要一句安慰、鼓勵、肯定的說話或一個擁抱，嘗試容許自己去告訴身邊的人或主耶穌，並且接受他們的好意。

4.5. 如果情緒太強烈，你可以接受自己去暫時轉移或逃避，下次再繼續練習。

4.6. 接收信息後，學習安撫自己，平靜所浮現的情緒，也可以想像一下：耶穌會怎樣安慰你呢？

7

情緒的調節

7.1. 每一個人都有調節情緒的能力

很多人誤以為放縱情緒的人是想做就做的衝動派，如果自己不控制自己的感受，有朝一日可能也會變成這類人，完全被自己的情感控制，形成不負責任、令人討厭的性格。其實接納自己的情緒，並不等於放縱情緒。壓抑情緒的人要學習接納自己的情緒，放縱情緒的人需要學習控制自己的情緒。人之所以放縱自己的情緒，是因為他不能夠面對自己的真正情緒，而轉用其他方式作為一個掩飾。例如有些人脾氣暴躁，一不喜歡便會隨意罵人，給人的感受是他們不會控制自己的憤怒，導致成為一個令人憎惡的獨裁者。但其實這些人可能並不是真的控制不了自己的憤怒，他們只是心裏明白，在某些場合，以及面對某些人的時候，他們即使隨意發洩他們的憤怒，也不會有任何後果。然而，在其他情況下，他們卻可以按奈自己的憤怒情緒。

表面看來，他們好像是情緒失控，其實他們往往是利用自己的憤怒去達到自己的目的。他們知道某些人會懼怕他們的憤怒，這些人很快便會作出妥協，使他們可以如願以償，於是他們很快便學會利用憤怒作為手段性的情緒去控制別人；但當面對不會因他們的憤怒情緒而就範的人時，他們知道發怒並不會促成他們的目的，反而會帶來更大的反效果，於是他們就會控制自己的憤怒。所以，如果我們細心觀察一個脾氣暴躁的人，你會發覺他並不是每一刻對任何人都脾氣暴躁。對那些他所懼怕的人，他是不會暴躁的。

這正如之前所提及，憤怒除了是手段性情緒外，也可以是輔助性情緒，用來掩飾內心對再次受傷害(適應性的原始性情緒)的恐懼(非適應性的原始性情緒)。一個真正對自己有信心的人，根本不需要利用威嚇的方式去控制別人，他可以使用一個平等交流的方式去表達自己的需要，但是一個完全嚴重缺乏安全感的人，就不敢真實地表達自己的需要，惟恐別人會取笑或拒絕，只能用其他方法去操控別人。因此，當學習控制憤怒的情緒時，會發現憤怒的感受很快轉化成恐懼：事情不如自己所想、恐怕失敗、被傷害或失望。學習如何調節和寬容這恐懼受傷害的感受，是本章將會討論的重點之一。

另外一種情況是：表現得很柔弱、抑鬱的人(這裏只是指那些利用抑鬱作為手段性情緒的人而言，並不是指所有抑鬱的人都是如此)，他們有如攀籐植物，透過無助及憂鬱的感受去附身於別人的身上，因此得到保護及幫助，不需要面對自己的無能和恐懼不能獨立去面對生活。他們給人的感覺是經常性情緒低落、悶悶不樂，無論你如何幫助他們，也不會令他們的情緒有何改變，他們仍然會不斷要求對方幫助及保護。

悲傷及埋怨是他們的手段性情緒，也可以是輔助性情緒，在逃避背後的真正感受是憤怒(適應性的原始性情緒），因為他們恐懼（非適應性的原始性情緒）憤怒的情緒會被拒絕、被人遺棄，而自己不能獨立地面對生活，因此，他們需要嘗試調節恐懼憤怒的情緒，以致每次表達自己的意見時，不會被恐懼所阻擋。

總括來說，人體大腦的構造給予人有產生、組織和表達情緒的能力，同時也有調節情緒的能力。因此，過份克制或缺乏管理情緒都會導致心理上及人際的問題。

情緒需要調節，加上理智的分析和具體的行動計劃才為有效。對於過於情緒化的人，他們需要用理性去控制衝動的行為傾向，分辨自己的原始性情緒，並且學習接納自己的非適應性或輔助性的情緒。

7.2. 調節情緒的步驟

人的腦部結構使人不能隨意控制自己有何浮現的感受，但是人仍然可以透過意識去控制感受後面的連串事件。人可以調節自己用多少時間去感受情緒，處理所浮現的感受和整理隨著感受所產生的思想和情緒。情緒的調節是成長的其中一項重要任務。嬰孩透過啜手指去安慰自己；小孩子入睡前抱住毛毛公仔或毛巾來增加自己的安全感；成人可以透過放鬆肌肉的練習或默想去處理自己的焦慮，也可以透過深呼吸或散步去冷卻澎湃的情緒。

對於情緒容易失控、經常被輔助性情緒困擾的人，他們首先需要學習的是面對自己的輔助性情緒背後的非適應性的原始性情緒，調節這恐懼或羞愧的情緒，減低輔助性情緒的困擾，才能夠學習將情緒轉化為適應性的情緒（見本書第八章）。在調節非適應性的原始性情緒之前，首先要辨別所浮現的情緒是否反映有問題需要注視，繼而穩定這情緒。

7.2.1. 辨別情緒是否有危險性

面對強烈的情緒，我們需要作出辨別：讓自己處於一個安全的環境下，想想自己是否有危險、被傷害，需要立刻採取行動保護自己；或自己是否已情緒失控，需要暫停下來，防止自己作出傷害別人或自己的行為。

7.2.2. 平靜強烈的情緒

一旦辨別自己沒有即時的危險，處於一個安全的環境時，我們可以嘗試平靜自己的情緒。情緒的強烈度與當時的情形狀況未必一致，尤其是未能處理過往傷害自己的人，他們會因相類似的情況而過於敏感及反應過大。

要平定強烈情緒，我們可先嘗試透過深呼吸去調節自己的心跳和脈搏。以生理系統的理論去解釋，就是刺激副交感神經系統（Parasympathetic Nervous System），去調節因受壓而產生的心跳、呼吸和其他交感神經系統（Sympathetic Nervous System）的反應。

最重要的是意識自己的防衛機制，注意自己如何在不為意的情況下控制和逃避浮現的情緒。這是指當被扁桃狀腺儲存的情緒記憶引發情緒發出警報信號時，大腦要嘗試留意這情緒，不要自動去防衛或扭曲情緒。我們可從意識層面開始，接受這警報信號，以及安撫那被刺激的生理反應，告訴自己並沒有危險，不需過分緊張，可以關閉這個警報信息。接受和肯定信息帶來的情緒困擾，情緒得到接納、容許和明白以後，我們可再提供知識、情感和生理上的安慰，情緒便能平伏下來。

7.2.3. 改變情緒狀態

情緒的路線或系統一旦被帶動，容易使人陷入某種情緒狀態，也容易勾起過往類似的回憶。就如詩樂的例子所展示的一樣。情緒系統帶動相關連的感官性生理機能的信號，勾起過往類似經歷所形成的思想、信念及行為模式，這些反應都是互相帶動及互相維繫的。因此，我們可以透過改變其中一個反應，來改變當時的情緒狀態，達致調節情緒的效果。以下這四種方法只能夠短暫地改變那一刻的情緒狀態，但是並沒有幫助人去轉化或面對這情緒，因此效果不會持久，需要不斷重複去做！

7.2.3.1. 調節自己的感官性生理機能的信號

當人進入某種情緒狀態時，就會有不同的感官性生理機能的信號，例如：緊張時，身體會收緊，呼吸會暫時停頓或身體作好逃走的準備；憤怒的時候，身體僵硬、呼吸急速，準備進入作戰狀態；憂傷時，身體感到酸軟無力，蜷縮作一團。我們可透過深呼吸去調節身體機能的反應，舒緩緊張、憂傷或憤怒的情緒，筆者會在「7.3.1.靜觀情緒技巧」一段(本書頁132)詳細討論其中要點。

7.2.3.2. 停止內在的負面思想

被情緒困擾的人所面對的，不只是難受的感受，最痛苦的往往是自我批判的思想和自我摧毀的信念。這類負面的思想是互相帶動的，一旦進入某種情緒狀態，負面的思想和信念會不請自來，一旦這種思想和信念被接受，就會帶動更負面的情緒，令人感到自卑、自責、自憐及更加加深對自己的負面看法和信念，形成惡性循環。負面思想加諸於負面情緒，就如將汽油倒到燃燒的柴火上，只會令火勢愈燒愈旺，及至不可收拾的地步。只要不再傾倒汽油(負面思想)，柴火總會漸漸燒盡，困擾的情緒就會穩定下來，不再惡化。

> 華仔是一位資深社工，工作表現不錯，很受朋友歡迎。但是他內心深處卻不喜歡自己的同性戀傾向和過度花費，欠下信用卡的債項。面對別人，他總是掩藏真正的自己，表現出一個別人喜歡的模樣。每當他要負責一些項目時，他心裏總會感到壓力，負面思想不期然浮現出來：「萬一我出錯怎辦？」然後他就會將這個負面思想延伸下去，進而想到別人會恥笑他，他會當眾出醜，繼而上司會責怪他，然後他會被辭退工作，黯然離開工作多年的崗位，從此不能再在這行業內立足。

每當華仔有工作壓力時，他就會進入緊張的情緒狀態，不期然地進入這個負面思想模式之中，把最糟的情景演習一次，這使他情緒低落，更加自卑，繼而湧現一股悲傷難受的痛苦。華仔要學習，每當「出錯」、

「失敗」和「不被接納」的思想浮現時，不要去相信、接受或延續這個思想，學習停止這個思想，便能減少那股悲傷難受的痛苦。

7.2.3.3. 改變行為模式

每當人陷入某種情緒狀態，除了感官性的信號和負面思想外，也會產生某種行為的傾向。因此，改變當時的行為，也可以帶動情緒狀態作出轉變。當一個人不開心的時候，可以透過娛樂活動，例如看喜劇、講笑話、胡鬧一番令自己笑一笑；鬱悶的時候不宜躺在牀上或做靜止的活動，反而應該出外散步，被外界的人或景物刺激，擴闊內在的空間和思維；憤怒的時候不宜逗留在憤怒的環境中，宜離開現場，吹吹風、喝些清涼的飲品，減低身體的溫度，轉移話題，不要再鑽在牛角尖中；緊張的時候，可去做些減壓的活動，分散注意力。其實很多人都會使用這些方法來調節自己的情緒，只是沒有留意方法背後的原理罷了。以下的活動可以作為參考：以忙碌工作或專注其他事情來分散自己的注意力；把注意力從自己身上轉移到別人身上；做些對自己有益的活動，如購物、享受美味佳餚、面部身體護理和按摩、禱告、放鬆身心的運動或旅行。

7.2.3.4. 回憶過往一個愉快的經歷

當人陷入某種情緒狀態中，除了透過改變行為去帶動進入另一情緒狀態外，也可以透過正面想像練習，將自己帶進另一個空間，例如當一個人很緊張憂慮時，可以回想自己曾遊歷的景點或喜愛的大自然風景：一片白悠悠的沙灘、柔和的青草地、一望無際的藍天碧海、鳥語花香的樹林……這能幫助我們暫時放鬆心情、平伏憂慮的情緒。也可以透過回憶愉快的經歷，例如：挫敗時回想過往的成功經驗，幫助自己跳出抑鬱的感受，繼續向前邁進。

7.2.4. 接觸適應性的原始性情緒

本書第五章和第六章提到自己的情緒能獲得他人的接納的重要性，別人的同理心是安撫情緒的良藥，並且可以能幫助自己接觸埋藏已久的適應性的原始性情緒：傷痛或憤怒。當別人可以用同理心去明白祖業的憤怒，嘗試去站在他的角度去明白他憤怒的因由，這份的了解使祖業有能力和空間，去感受背後的傷痛。如果別人能夠給予安慰，將會對祖業的傷痛有醫治的果效。因此，能夠接觸內在適應性的原始性情緒，學習如何調節和包容是其中的關鍵。尋求和接受神與人的安慰也是重要的一環，從中也學習如何安慰自己，詳細的討論請參考「7.4.別人的安慰」(頁139)和「7.5.神的安慰」(頁143)。

7.3. 調節情緒的技巧

7.3.1. 靜觀情緒技巧

面對波動的情緒，我們需要學習抽離。建立一點距離是重要的。抽離是心理防衛的本能，也是心理防衛機制採用的其中一種技巧。但是，我們的目的是要建立可以處理情緒的距離，而不是逃避和否認，我們只需部分抽離便成。完全抽離是逃避、不去面對情緒的方法，而部分抽離是增加情緒與自己的距離感，以致可以較冷靜地面對和處理。

透過控制呼吸，以及學習以第三者的平常心態度去靜觀自己的經驗，能幫助我們從情緒中抽離出來。將自己對困擾情緒和情景的注意力，轉移到自己的身體上，注視自己呼吸的深淺和節奏，留意情緒的起伏，所浮現的是哪一類思想，以及這思想如何影響情緒的波動。讓自己成為身體的探測研究員，客觀地觀察身體內在的變動情況。這種將注意力轉移的方法，可減低困擾情緒和情景對自己的影響，也減低注視情緒所帶來的負面思想，而將注意力專注於這刻身體因應情緒而作出的變動。學習以一個默想的態度去注視、了解、形容和理解情緒的變動和浮現，可以幫助人從情緒經驗的內容和意義中抽身出來，專注在情緒經驗所導致的身體變化的質素和形態之上。以下的練習可以幫助我們掌握如何使用靜觀情緒技巧，建立一個旁觀者的距離。

第一部分

首先注意知覺感應的變動和困擾情緒所引發的思想。注意情緒的起伏，感受有如海浪般的情緒，就像一個巨浪捲進時澎湃迫人，然後又悄悄地退回大海中，而不要注意思想的內容。這樣就可以打斷情緒和思想的互動效果。

開始注意並形容情緒的質感和處於身體的哪個位置，例如：「心裏有一團火在燒」、「整個心被刺痛、在流血」或「全身整個人不自控地發抖」。

同時也注視情緒的強烈度和形狀，例如：「一團球形的火，強度中等」、「被刺痛的形狀如心形，強烈度高等」或「發抖的形狀如整個心在失自控地跳動，導致全身也隨之抖動，強烈度中等」。

再注視這個知覺感應來自全身還是屬於局部，例如：「在胸口的火團」、「心臟刺痛」或「全身發抖」。

也留意感應是否在膨脹還是收縮，正前來還是離去。

持續練習直至情緒漸漸消退，所需的時間大概由五至四十分鐘不等，視乎個人情況而定。最好用漸進式的進路，遂漸增加練習的時間，如果情緒太強烈，需要舒緩，可以暫停練習，也可以將感受拉遠一點，減低強烈度。

第二部分

注視知覺感應以後，可以開始注意所浮現的思想，不要集中於思想的內容和意義，而應該去形容自己的思想轉變的歷程，形容自己所進行的思維模式，例如：「現在我開始思考、回憶、想像或預測……」或「我又開始浮現批評、自衛、嚴責、轉移／分散、或正面化的思想」。

這個經歷幫助你直接接觸自己的知覺和思維歷程，同時也幫助你創造一個新的內在經歷，並且與自己的情緒建立一個適度的距離。雖然如此，面對痛苦難受的感受，並不是一件容易的事。情緒愈強烈，便愈難正面去感受。因此，當面對強烈的情緒時，我們應首先注視其中的負面思想，因為叫人最難受的往往不是困擾的情緒，而是人對此情緒表現的不接納和批評。所以，先不要去接受或相信這些負面思想，並且要想辦法停止它，不要延續下去。可以先從第二部分的練習開始，注意自己所浮現的思想和思維模式，而不被其中內容困擾。

這個練習可以將人由被情緒控制的受害者轉移成為情緒的旁觀者，增加管理情緒的能力，主管自己的情緒。也可以幫助人了解自己的情緒轉化的歷程，將思想層面帶進另一個空間，容讓新的經驗產生。讓人可以注視該如何處理情緒，以致能自助或尋求外在資源的幫助。

當華仔學習停止負面思想，不去相信所聯想最壞的結果，便減少悲傷難過的情緒(輔助性情緒)。但是，焦慮的情緒(非適應性的原始性情緒)會相繼增加。第一部分的練習可以加強華仔對焦慮情緒的忍受能力，不再輕易被此情緒控制，而第二部分的練習則同時幫助他注意負面思想，不再被它糾纏。

靜觀情緒技巧適用於處理這刻浮現的困擾情緒，但是，或許有些人會感到難於以旁觀者的身分去面對往昔創傷的回憶所帶來的困擾情緒。我們可以嘗試調節這個旁觀者的距離，就好像自己在戲院看自己主演的戲，從熒幕上觀看自己的一舉一動，更可以用一個遙控器去控制熒幕的距離。當情緒太波動，不能客觀地充當旁觀者，或不能夠面對畫面時，就可以將熒幕拉遠一點；當情緒太疏離、缺乏感受、只停留在理念層面時，就可以把熒幕拉近一點，按需要調節熒幕的距離。我們可以透過呼吸來控制；呼吸愈深，肌肉愈放鬆，就可以將熒幕的距離拉遠，以致把感受放在自己之外。例如將感受放在房間最遠的一角，然後慢慢去感受多點，將距離拉近，直至將自己進入感受中，成為自己的一部分。

7.3.2. 支援情緒的技巧

透過靜觀情緒技巧，建立一個旁觀者距離的歷程時，有些人可能因為要面對的情緒帶來太大的痛楚，而導致潛意識自動化的壓抑，因而未能進入情緒的經歷，很快便失去了這個情緒的感受。支援情緒的技巧是邀請一個支援的人物進入這痛苦的情緒經歷中，加增心中力量，幫助困擾者可以持續面對痛苦的感受，而不用去逃避，以致可以克服這痛苦的困境。

在素清治療性侵犯的傷害歷程中，常常有痛楚的感覺浮現出來，素清那痛楚有如她心中的一塊大污點，每次都令她痛苦非常。她嘗試用深呼吸的方法幫助自己面對這個感受，但是，這個痛苦的感受漸漸被一個浮現的黑洞所遮掩。治療師了解到那個黑洞就是防衛機制，它浮現出來壓抑素清的痛苦感受，因此斷定素清暫時不能獨自面對痛苦的感受。於是，治療師建議素清邀請主耶穌與她一同面對這痛苦的情緒。那一刻，素清感受到情緒的波浪變得沒有那麼洶湧，她看到耶穌成為大海中的燈塔，她可以抓緊這燈塔。這發現使她不再那麼恐懼，也發現大海的波浪並也不是那麼澎湃。主耶穌的同在，成為她的支援，使她可以不抽離她的感受，繼續在治療中向侵犯者表達她所受的傷害和痛苦。當她能夠成功地面對最痛苦的那一刻，痛苦的海浪的威力便逐漸減少，她對這痛苦的恐懼也隨之減少。

及至治療完畢，那天的晚上沐浴後，她也感受到輕微顫抖。但是心裏有個微小的聲音告訴她：不用害怕。直到她吹乾了頭髮，安頓一切以後，坐在牀邊抱著她的枕頭時，她感受到一些不開心的情緒，但是這不開心的感覺很快就離開了。她形容這個浪非常的小，甚至打不到站在燈塔上的她。

因此，這支援情緒技巧可以與靜觀情緒技巧一起使用，先透過靜觀情緒技巧去建立旁觀者距離，去感受情緒對身體所帶來的變動，如果覺得太激動或辛苦，可以邀請一個你信任的人或主耶穌，在那刻與你同在、支援你、給你力量，與你共同面對這痛苦的情緒。

有不少基督徒會表達他們有向神禱告，祈求神幫助他們處理困擾的情緒，但是仍然得不到幫助，繼續被情緒所控制，不得其解。其實，問題出自於當痛苦的情緒浮現時，他們在那刻沒有尋求神的幫助，而是用自己慣用的防衛機制，轉移或逃避痛苦的情緒，過後才向神禱告，因此他們未能經歷神幫助他們面對痛苦感受，真正經歷神的大能。

7.3.3. 透過行為改變情緒的技巧

靜觀情緒技巧與透過行為改變情緒的技巧，分別在於：後者是幫助未能面對困擾情緒的人，可以使用間接的方法，以外在行為幫助改變困擾情緒；而前者則是幫助人在企圖面對困擾情緒時不被情緒所控制。

一般人所採取的調節情緒方法，就是不去意識困擾情緒，那就是本書第五章所詳述的各種心理防衛機制。這些心理防衛機制長遠影響人的心理健康，減低處理情緒的能力。透過行為改變情緒的技巧側重表現與困擾情緒相反的行為，來改變困擾的情緒。萊恩漢(Marsha Linehan)透過倒轉困擾情緒的表達和行動，作為調節困擾情緒的方法，目的在減低負面情緒的惡性循環和增加正面情緒。[1]

透過行為改變情緒的技巧，其背後的原理與心理防衛方法並不一樣。後者是不去意識所浮現的負面情緒，而前者是透過相反的行為去面對困擾情緒。當面對恐懼的時候，不要逃避這情緒，同時使用分散注意力或放鬆的方法，去減低所引起的焦慮和恐懼，幫助自己繼續面對挑戰。面對內疚或羞愧時，也是一樣。要面對而不抽離，我們可以做一些與此情緒相反的行動，幫助自己減低情緒的困擾性，而不去逃避這困擾情緒。因此，面對抑鬱的情緒，所用的技巧是要多參與活動和採取主動，而不是被動等待；面對憤怒的情緒，便要同情或做些幫助人的事，而不是去攻擊人。其內在的原理是：化解抑鬱情緒的癥結在於改變人對自己的看法。覺得自己沒有能力，或做得不夠好，往往是導致抑鬱的原因。增加活動和採取主動心態，對面對抑壓情緒有幫助。同樣道理，憤怒的人事後往往會對自己的攻擊行為或脾氣深感內疚，因此，去做些幫助人的好事，可以改善憤怒的情緒。從幫助人中學習明白別人的感受和與人相處的方法。恐懼失敗的人，透過別人或自己的安慰，不要逃避問題，而要從小事上學習接受挑戰、作出新的嘗試，漸漸從小的成功之中改善恐懼的情緒。研究顯示，當人面對恐懼的場景，而從中得到一個新的經驗，能幫助人減低以後面對相同情景的恐懼感受。

7.4. 別人的安慰

別人的安慰比自我安慰更為重要，因為人要先被愛，才能去愛；先被安慰，才懂得如何安慰別人。(參林前一6～7) 別人的安慰也給予自己一份被明白、接納和肯定的感受。因此，在人際相處之中，我們需要學習彼此安慰。不同的人可以給予不同效力的安慰：對自己愈是重要的人，給予的安慰的效力比一般人的安慰效果更強，例如：自己的父母、配偶的安慰較一般朋友更為重要；愈相熟的人，給予的安慰愈深入；敵對的人所給予的安慰，效果更是寶貴！開放自己去接納別人的安慰是很重要的，不然的話，就像吃了補品，身體卻不吸收，其實幫助不大。

對於一些情感上非常獨立的人，要學習接受別人的安慰是不容易的，因為對於他們來說，接受安慰就等於情感上倚賴別人，在心理上是極其危險的行為。他們需要保持情感獨立，是因為過往情感上被傷害和經歷失望，因而不想再被傷害。自責、自殘、自虐的人，也會難於接受別人的安慰，因為他們不認為別人是真心接納和安慰他們，那只是表面和客氣的表現，並無實際意義。而他們不相信和接受這些安慰，主要原因在於他們覺得自己實在太醜惡或不值得人關心，所以不能相信有人會真心接納他們！因此，他們會不斷測試安慰他們的人是否真的接納他們。經過一段長時間的測驗以後，如果成功的話，這會對他們心理上有很大的幫助。

在親密關係之中，很自然會期望對方給予自己無時無刻的安慰。當自己情緒波動，就會要求對方安慰自己。但是，如果對方的情緒狀態未能夠為自己提供安慰時，就會引起很多衝突，認為對方不愛自己，對自己不好。因此，要進入一段親密關係之前，自我安慰的能力是首要的條件之一，當對方感到憤怒或不能給予安慰之時，也可以先幫助自己，然後才有能力去安慰對方，或冷靜去面對問題。

有些人在成長中甚少獲得別人的安慰，他們可能不清楚怎樣去安慰自己，怎樣去安慰別人。以為做些對這個人好的事，引他們發笑，就是安慰，以為買糖或玩具給小孩就是安慰，其實這只是轉移痛苦的情緒，是透過行為改變情緒的技巧之一。對於不善面對自己情緒的人，也因為少經歷別人的安慰，常常誤以為幫助對方解決問題就是安慰和幫助別人解決情緒困擾。這是一個普遍被接受但卻錯誤的觀點。情緒困擾愈深的人，愈會敏感於別人對自己的反應，因此，當對方用解決事情方法的口吻去安慰自己時，就會立時感到情緒不被接納，導致更深被拒絕的感覺。這也是很多妻子對丈夫的不滿，認為丈夫不能夠感同身受去明白自己，只是提供解決方法改變自己的情緒，並不接納自己的情緒，因而感到被拒絕，得不到安慰。因此，尋找一個懂得安慰的人並不容易，學習告訴別人如何去安慰自己，慢慢建立一個懂得安慰和支持自己的羣體，也是相當重要的！

因此學習安慰人的歷程包括：易地而處，將自己投入別人的處境，去感受別人的感受；觀摩別人如何被安慰，嘗試去模仿如何安慰別人；也可以去問受安慰的人，哪些是有幫助的安慰，哪些不是？不過要注意每一個受安慰的人有特定的需要和喜好，不一定所有人都一樣；也可以想像一下如果別人安慰自己，自己希望別人怎樣去做？以下是一些安慰歷程中需要包含的一些重點和例子。

7.4.1. 同理心——明白別人的困境／困擾

「很明白你的痛苦，一方面你又想對人好，希望人會喜歡你；另一方面你對人好時，又會被對方傷害，真是對人很失望！」、「如果我是你，我也會很憤怒，對方竟然説一些如此傷害性的話！」、「我覺得你很叻，一生中遇到很多不幸的事，仍然堅持生活下去！」、「雖然我未必完全明白你的感受，但是我可以想像你一部分的痛苦。」

7.4.2. 接納別人的情緒

「其實你的不開心，不是懦弱的表現，是很正常的，每個人都有，我也經常有……」、「有時我也很嬲我最愛的人，所以你的矛盾情緒也是正常的！」、「其實我們很多人都會驚，不過大家都死頂，不一定會說出來，所以，不只是你一個人驚，我也會驚，不過沒有說出來罷了。」、「我不會介意你的過往，因為每個人都有做過羞恥的事，最重要是這已是過往了，神已寬恕了你，你也學習寬恕自己，可能最介意不是別人，而是你自己！」

7.4.3. 給予盼望

「雖然目前這個問題好像不能解決，但是世事難以預料，可能遲些會有轉機，不要太快放棄，要相信明天會更好！」、「船到橋頭自然直，很多過往的經驗告訴自己，很多時事情的發展並不一定如自己所想，可能有出人意料的結果！」、「人的盡頭是神的開始，如果你相信有神，就可以向祂禱告，祂一定會幫助你。」

7.4.4. 提供支持和協助

「無論發生甚麼事，我一定支持你，就算我幫不了甚麼忙，我都可以陪你一起渡過。」、「朋友就是互相幫忙，今天雖然是我幫你，以後我也會需要你幫忙，不用客氣！」、「我相信你已經盡力去做，就算不成功，我仍然支持！」、「記得還有我們這班朋友，是你的啦啦隊，讓我們知道你的需要，我們一定盡力幫你。」

安慰人的重點不是要改變對方的想法，幫對方解決問題或去轉移對方的情緒，而是明白和支持對方，就是真正的安慰，不是解決對方的問題，而是幫對方加油，以致可以繼續向前行。

7.5. 神的安慰

對於基督徒，另外一個安慰的源頭是神。耶穌基督是我們最大的安慰者，因為祂經歷人一切的軟弱和掙扎，最明白我們的困難和痛苦，並且擔當我們的罪，給予我們一個新的生命、新的力量及新的盼望。祂並沒有嫌棄我們，反而要醫治有病的人，尋找拯救失喪的人！(參路十九10) 因此，「安慰」的希臘文為*paraklesis*的意思不只是指憂傷時得安慰，也包含鼓舞、鼓勵的意思。保羅在哥林多後書中指出從神而來的安慰，不只是心靈上的支持，也給予新的力量向前推動！保羅不只從神得到安慰，還得到力量去安慰、鼓勵一切在患難中的人。(參林後一4～7)

人在自己最痛苦的時候，往往不懂得尋求神的幫助，因為慣了用過往的防衛機制或自我保護的模式去逃避痛苦的情緒。因此，很多基督徒奇怪為甚麼信主之後生命未能夠更新，也未能完全經歷如聖經中所指的那份平安、喜樂和豐盛的生命。其中一個主要的問題是人自己未能夠面對自己的核心情緒，以致未能讓神去醫治真正受困擾的情緒。這就等於沒有説明真正的困難，而只是講一些表面的原因，令別人無法去幫助。有些人認為神是全知全能，因此神也會知道自己核心的情緒，就可以幫助自己，但是神是尊重人的主權的，雖然神知道人需要救恩，但是如果人不願意接受，救恩無法幫助這個人，同樣道理，人需要面對自己真正困擾的情緒而從中尋求神，才能得到醫治。

另一種是信心的問題，人不相信神可以醫治，就不能經歷神的能力，這不是因為神不願意給予，而是因為我們沒有憑信心去支取。路加福音描述一個患血漏的女人用信心去摸耶穌的衣裳縫子(參路八42下～48)，耶穌的能力就醫治了她十二年的病。當時擠擁緊靠耶穌身邊的人非常多，惟獨血漏的女人靠著她的信得醫治。

小冰需要神安慰她的恐懼情緒，每當她感到無助，躺在牀上的時候，她需要去禱告，讀神的話語去支取力量，鼓勵她不要怕，要相信神，因為在祂「凡事都能」(參太十九26)。雖然這是一個簡單的道理，但是卻不容易去做，因為尋求神的安慰，就得面對自己的痛苦，人卻總是傾向逃避痛苦而不願面對。

因此，建立一個有規律，每天與神溝通的習慣是很重要的。學習把每天所被牽動的情緒，透過靈修日誌或禱告告訴神，也學習等候神的回應，讓聖經或聖靈微小的聲音安慰自己。有很多基督徒都埋怨神沒有回應他們的禱告，因此，不認為神會向他們説話！這個屬靈的經歷是需要操練的，最難的是學習安靜等候神，只要我們不氣餒，繼續將自己的情緒和需要帶到神的面前，只要深信神會接納和幫助，就會感到安慰！時常讀神的話也會得到心靈的安慰和支持，因此，需要時常堅持，一段日子後，就會經歷從中的分別，「你們的日子如何，力量也如何」(申三十四24下)。本章的練習十提供了一些講及神的安慰的經文，你可以開始將一些你喜愛或受感動的經文寫在你的靈修日誌中，以便日後方便尋找和使用。

在筆者的生命中，也曾遇上最難過傷痛的日子。記得有一次，正值復活節，窗外正是三月的黃梅天，天色陰暗，下著毛毛雨，我心裏極其難過，披著雨在寂靜的小路上漫步，想起主耶穌釘在十字架上所說的話：「父啊！赦免他們；因為他們所作的，他們不曉得。」(路二十三34) 我心中也響起類似的話，要寬恕傷害我的人，因為他們也不曉得。那刻心內的淚水和心外的雨水，已經混合一片模糊不清。當心正在絞痛的時候，神的一句說話，突然浮進腦海：「我的恩典夠你用！」好像一枝強心針，加強了我承受痛苦的能力，不再如此恐懼這痛苦，心中絞痛的痛楚又繼而減低至一個可以承受的程度，這個經歷使我畢生難忘。以後我不再恐懼去面對任何的痛苦，因為深信神的恩典足夠我用，給我力量去承擔和面對所有的痛苦。

7.6. 自我安慰

自我安慰是透過自己內在的聲音去安慰自己的困擾情緒。自我安慰正如第五章所提及的，是源於孩子經歷父母的安慰後，漸漸將父母的安慰聲音內在化，成為自我安慰的能力。因此，如果成長中缺乏這方面的經歷，便不知道怎樣去安慰自己和別人。我們可以從前面安慰別人的四個重點中學習，一旦掌握了安慰人的技巧，可以學習用同一方法安慰自己，也要學習相信你所信任的人會在你身邊支持幫助你。

經常自責和蔑視自己的人，因為缺乏自我接納，很難去安慰自己，接受自己的弱點。他們可能覺得接受安慰是懦弱無能的表現。尤其是對於自虐和傷害自己的人來說，那就更加困難。因為他們要想像自己是值得被安慰的、是好的，這與他們內在自我形像(不能接受自己的價值）有所衝突。因此，對於自己不能夠接受自己安慰的人，可以首先想像怎樣安慰小孩，如果這小孩正與自己受同樣的苦，自己會怎樣去安慰這個小孩？可以想像一個毛公仔就是那小孩，然後向小孩表達你的安慰。選擇一個不認識的人或小孩為安慰對像，較容易勾發起內心對人的憐憫，希望這個憐憫的感受日後可以慢慢轉向自己。對於太厭惡自己或恨惡自己的人，要將憐憫人的心轉向自己，會有相當的困難。可能仍需先感受別人或神的憐憫和安慰，才可以慢慢接受自己的安慰。

成長練習

以下的練習可以單獨反思或用作小組討論之用。

練習一

練習靜觀情緒技巧（詳情見本書頁132）：嘗試回想一段過往不愉快的經歷。起初練習時，最好不要選一些太激動或難受的片段，漸漸熟練之後，可以再選用情緒較強烈的片段，並寫下其中的經過。

練習二

嘗試去留意慣常出現的負面思想或對貶低自己的口頭禪。如果自己不為意，可以詢問與自己較為親密的朋友或家人。

(1) ____________________
(2) ____________________
(3) ____________________
(4) ____________________

練習三

開始在意識層面上加強對負面思想的警覺，學習去停止這思想或口頭禪的出現，並記下其中的困難及成功之處。

____

____

練習四

4.1. 細想自己過往曾用哪些行為去改變自己以下的情緒：

(1) 緊張、憂慮：____________________
(2) 傷心、難過：____________________
(3) 憤怒、忟憎：____________________

4.2. 透過觀察別人和自己的反省，你會否增加一些不同的行為改變情緒方法？

____

____

練習五

請列出你生命中哪些人曾經安慰你，及他們怎樣安慰你？

(1) ____________________
(2) ____________________
(3) ____________________
(4) ____________________
(5) ____________________

練習六

請列出你身邊一些關心你卻不會安慰你的人，嘗試向他們分享你過往一些曾被安慰的經歷，也鼓勵他們可以學習如何去安慰你，並記下其中的經歷。

(1) ____________________
(2) ____________________
(3) ____________________
(4) ____________________
(5) ____________________

練習七

默想詩篇二十三篇。

嘗試將每一節的經文變成一幅你與神相處的圖畫，慢慢細嚼彼此關係中的一舉一動、一言一語，並且去捕捉自己心中的感受，嘗試細緻地用言語描述自己的感受，寫在靈修日誌中。

____

____

練習八

請去問一些你曾安慰的朋友和主內弟兄姊妹，去了解自己安慰人的能力，哪些説話讓他們覺得被安慰，哪些並沒有幫助？哪些反而令對方不舒服？最後總結自己的強項和需要改進的地方。

____

____

練習九

9.1. 你是否覺得很難得到安慰？____________________

9.2. 如果是的話，是因為：

□ 找不到能夠安慰你的人

□ 自己難以接受別人的安慰

□ 未能感受到神的安慰

□ 其他：____________________

9.3. 請將這個困難，禱告神，求神讓你更明白問題所在，幫助你去克服困難！

____

____

練習十

學習透過禱告、默想經文、等候神的話語和應許，從而得到安慰，以下是一些可供默想的經文：

(1) 給予肯定

- 所以我告訴你們，不要為生命憂慮吃甚麼、喝甚麼，為身體憂慮穿甚麼。生命不勝於飲食麼？身體不勝於衣裳麼？你們看那天上的飛鳥，也不種、也不收、也不積蓄在倉裏，你們的天父尚且養活牠。你們不比飛鳥貴重得多麼？(太六25～26)
- 兩個麻雀不是賣一分銀子麼？若是你們的父不許，一個也不能掉在地上。就是你們的頭髮也都被數過了。所以不要懼怕。你們比許多麻雀還貴重。(太十29～31)
- 耶和華的靈必住在他身上，就是使他有智慧和聰明的靈，謀略和能力的靈，知識和敬畏耶和華的靈。(賽十一2)
- 若不是耶和華建造房屋，建造的人就枉然勞力。若不是耶和華看守城池，看守的人就枉然儆醒。(詩一二七1)

- 我在暗中受造，在地的深處被聯絡，那時我的形體並不向你隱藏。我未成形的體質，你的眼早已看見了。你所定的日子，我尚未度一日，你都寫在你的冊上了。（詩一三九15～16）
- 我也與你同在，你無論往哪裏去，我必保佑你，領你歸回這地，總不離棄你，直到我成全了向你所應許的。（創二十八15）
- 我們縱然失信，他仍是可信的。因為他不能背乎自己。（提後二13）
- 你不要害怕！因為我救贖了你。我曾提你的名召你，你是屬我的。你從水中經過，我必與你同在；你趟過江河，水必不漫過你；你從火中行過，必不被燒，火焰也不著在你身上。因為我是耶和華—你的神，是以色列的聖者—你的救主；我已經使埃及作你的贖價，使古實和西巴代替你。因我看你為寶為尊，又因我愛你。（賽四十三1下～4上）
- 神所要的祭就是憂傷的靈；神啊，憂傷痛悔的心，你必不輕看。（詩五十一17）

(2) 給予接納

- 神卻揀選了世上愚拙的，叫有智慧的羞愧。又揀選了世上軟弱的，叫那強壯的羞愧。神也揀選了世上卑賤的，被人厭惡的，以及那無有的，為要廢掉那有的。使一切有血氣的，在神面前一個也不能自誇。（林前一27～29）
- 我父母離棄我、耶和華必收留我。（詩二十七10）
- 神在祂的聖所作孤兒的父，作寡婦的伸冤者。神叫孤獨的有家，使被囚的出來享福。惟有悖逆的住在乾燥之地。（詩六十八5～6）
- 我要向耶和華承認我的過犯，你就赦免我的罪惡。

(詩三十二5下)

- 我耶和華是鑒察人心，試驗人肺腑的，要照各人所行的和他作事的結果報應他。(耶十七10)
- 你們當曉得耶和華是神。我們是祂造的，也是屬祂的。我們是祂的民，也是祂草場的羊。(詩一〇〇3)
- 耶和華說：以法蓮是我的愛子嗎？是可喜悅的孩子嗎？我每逢責備他，仍深顧念他；所以我的心腸戀慕他；我必要憐憫他。(耶三十一20)
- 神啊，求你為我造清潔的心，使我裏面重新有正直的靈。(詩五十一10)

(3) 給予盼望

- 你們祈求，就給你們；尋找，就尋見；叩門，就給你們開門。(太七7)
- 我以永遠的愛愛你，因此我以慈愛吸引你。(耶三十一3下)
- 耶和華啊，你是我的力量，是我的保障；在苦難之日，是我的避難所。列國人必從地極來到你這裏說：我們列祖所承受的，不過是虛假，是虛空無益之物。(耶十六19)
- 耶穌看著他們說：在人這是不能的，在神凡事都能。(太十九26)
- 於是他們在苦難中哀求耶和華，祂從他們的禍患中拯救他們。(詩一〇七13)
- 祂發命醫治他們，救他們脫離死亡。(詩一〇七20)
- 我看見他所行的道，也要醫治他；又要引導他，使他和那一同傷心的再得安慰。我造就嘴唇的果子；願平安康泰歸與遠處的人，也歸與近處的人；並且我要醫治他。這是耶和華說的。(賽五十七

18～19）

- 流淚撒種的，必歡呼收割！（詩一二六5）
- 那時，處女必歡樂跳舞；年少的、年老的，也必一同歡樂；因為我要使他們的悲哀變為歡喜，並要安慰他們，使他們的愁煩轉為快樂。（耶三十一13）
- 因為寶座中的羔羊必牧養他們，領他們到生命水的泉源；神也必擦去他們一切的眼淚。（啟七17）
- 他已經吞滅死亡直到永遠。主耶和華必擦去各人臉上的眼淚，又除掉普天下他百姓的羞辱，因為這是耶和華說的。（賽二十五8）
- 因為，他的怒氣不過是轉眼之間；他的恩典乃是一生之久。一宿雖然有哭泣，早晨便必歡呼。（詩三十5）

(4) 給予力量

- 凡勞苦擔重擔的人，可以到我這裏來，我就使你們得安息。（太十一28）
- 我留下平安給你們，我將我的平安賜給你們。我所賜的，不像世人所賜的。你們心裏不要憂愁，也不要膽怯。（約十四27）
- 我的心哪，你曾對耶和華說、你是我的主。我的好處不在你以外。（詩十六2）
- 你必將生命的道路指示我。在你面前有滿足的喜樂。在你右手中有永遠的福樂。（詩十六11）
- 耶和華是我的力量，是我的盾牌。我心裏倚靠祂，就得幫助。所以我心中歡樂。我必用詩歌頌讚祂。（詩二十八7）
- 因為耶和華神是日頭，是盾牌，要賜下恩惠和榮耀。祂未嘗留下一樣好處，不給那些行動正直的人。（詩八十四11）

- 但那等候耶和華的，必從新得力，他們必如鷹展翅上騰，他們奔跑卻不困倦，行走卻不疲乏。(賽四十31)
- 因為出於神的話，沒有一句不帶能力的。(路一37)
- 祂對我說：我的恩典夠你用的。因為我的能力，是在人的軟弱上顯得完全。所以我更喜歡誇自己的軟弱，好叫基督的能力覆庇我。(林後十二9)
- 主耶和華以色列的聖者曾如此說：你們得救在乎歸回安息。你們得力在乎平靜安穩。你們竟自不肯。(賽三十15)
- 惟有我，是安慰你們的。你是誰，竟怕那必死的人？怕那要變如草的世人？(賽五十一12)

練習十一

練習自我安慰。

回想過往一件不愉快的經歷，嘗試對當時的自己講一些安慰的話。然後嘗試進入當時自己的角色接受安慰，你會有甚麼感受？

8 情緒的轉化

8.1. 反省及評估

情緒的管理需要兩種意識：第一種意識是對此時此地自己內在感受的意識；第二種的意識乃更高層次的意識，即對此時此地感受的認知及反省，決定該如何處理現時的感受。[1]這種對自己的情緒的意識，整合了我們過往的經驗和對將來的期望，決定我們現在如何面對自己的情緒。承認自己的感受，考慮自己的反應是否合適，是建立情緒智商的重要一環！

正如任何一個生物系統一樣，情緒也有一個管理系統，理性和反省是其中的重要元素。情緒的反應和反省的整合，會增強調節的能力，給予自己時間和空間，去反省困擾的情緒，能夠幫助自己去重新檢視問題，透過另一個角度去看事情，得到有新的體會，也可以透過別人的共識，對事情有一個完整的意義。能夠意會自己需要處理困擾的感受，給予額外時間去反覆思量自己的決定，重新面對整個歷程和感受，並且適當時尋求別人的意見和幫助，都是情緒管理系統的重要環節。活在此刻是意識自己這刻的感受，以及這感受對過往和將來的影響。也有一類的人是傾向注重理性的反省和評估，而跳過感受，以為可以快速解決問題，其實只是將問題停留在表面的理解，不能進入感受的層面，不能真正明白內裏錯綜複雜的情況。

8.1.1. 辨認原始性情緒

原始性情緒是因應環境對自己的影響而作出的第一層評估。認識自己是指認識自己的核心情緒，認識自己對環境影響的評估和回應。只有意識自己的原始性情緒，才能決定是否跟隨原始性情緒帶動的傾向作出行動回應。當我們能夠捕捉原始性情緒，我們內在便會有種連繫和接觸的感覺，有些人會覺得好像通電一樣，有些人卻描述那感覺似是找到一塊重要的拼圖圖塊，將其他失落的碎塊連接起來，浮現一種「正是這樣，這真是我的感受」的感覺。但是，尋索原始性情緒並不容易。防衛性愈高、過往創傷愈多、童年並不愉快的人，往往需要穿過防衛機制所顯示輔助性的情緒，才能接觸到原始性情緒。一般來說，愈少出現的基本情緒，很可能就是被壓抑或保護的原始性情緒。

認知原始性情緒是一門藝術，也是一種技巧，可以透過不斷練習，才能熟能生巧。

外在因素導致的情緒，較可能是原始性情緒，而內在因素導致的情緒，則有一種不同的質素。也有一種情況是外在因素導致的情緒同時卻又因內在因素而持續下去，例如祖業的憤怒是被別人的批評或不公平

的情況所引起，但它同時又會勾發起一些童年被叔伯不公平對待的回憶，令憤怒更加激昂。

如果那情緒是被一種內在的負面思想所引發的，那便極可能不是原始性情緒。例如：「我剛才在會議中表達得很戇居、十足十一個傻佬」或「我是一個自私的人，因為我不願意接待別人到我家住宿」。負面思想引起的情緒是輔導性情緒居多，是因保護和防衛原始性情緒而產生的。

8.1.2. 防衛性情緒的組合模式

除了辨認哪種是原始性情緒外，了解不同情緒防衛性的組合及它們浮現的次序，也是幫助轉化情緒重要的資料。

8.1.2.1. 兩種情緒的組合模式

其中一個常見的組合是利用憤怒作為防衛的輔助性情緒，去保護悲傷、傷痛或脆弱的原始性情緒；另一個組合則剛好相反，乃是透過哀傷(輔助性情緒)去防衛憤怒(原始性情緒)的浮現。男性較傾向使用前者，因為社會文化往往教導男子漢大丈夫，流血不流淚，表達憤怒的情緒較表達哀傷更易得到接納；而女性則傾向使用後者，女性表達柔弱的一面會博得別人的同情和接納，若表達憤怒，便會被稱為母夜叉。

8.1.2.2. 三種情緒的組合模式

這個組合較為複雜，其中包括辨別輔助性、非適應性的原始性情緒和適應性的原始性情緒。其中常見的組合是以哀傷或憤怒為輔助性情緒，從哀傷的背後，就會接觸到非適應性的原始性情緒(羞恥或恐懼)，然後第三層才會尋覓到被隱藏的原始性情緒(憤怒或哀傷)。自覺無價值的羞恥、缺乏安全感的焦慮和創傷性的恐懼麻痺，往往是用來保護和遮掩哀傷、絕望或狂怒。

第二章曾提及小冰的例子，她就是採用其中一個組合：哀傷是她輔助性情緒，哀傷背後的原因是她的非適應性的原始性情緒(無助和恐懼)，感到自己一無事處，而最終她一直隱藏，不敢表達她因被傷害的經驗而感受的憤怒(適應原始性情緒)。第五章提及祖業的例子卻顯示另一個組合：憤怒是他輔助性情緒，憤怒背後是他恐懼(非適應性的原始性情緒)再受傷害，而最終他一直隱藏不敢表達的，是他被傷害的傷痛(適應性的原始性情緒)。

當人開始改變這三種情緒的組合模式時，要去經歷由輔助性情緒轉向適應性的原始性情緒時，容易令人感到不安和矛盾。因此，人往往會產生第三種情緒去打擾適應性的原始性情緒。例如：當小冰由哀傷轉向感受憤怒，或甚至學習表達憤怒時，她會很容易焦慮，覺得自己不應該憤怒，或為自己所表達的憤怒感到內疚，導致小冰再次哀傷，覺得自己仍然失敗。這就會呈現悲傷－憤怒－恐懼－悲傷的情緒模式。當祖業由憤怒的情緒轉向感受被傷害時，他可能很快由傷痛的感受返回憤怒的感受，因為去感受傷痛，就好像承認自己是「軟弱」，承認「已被傷害」，這種羞恥感導致祖業再回到憤怒，因為這樣令他覺得比較強壯，於是同樣呈現憤怒－傷痛－羞愧－憤怒的情緒模式。

也有一些人由憤怒的情緒轉向傷痛時，會焦慮這個傷痛的感受，如果真的去感受，就會非常痛苦，因為他們相信「沒有人會陪同」他們，他們「只會孤單一人面對」或「別人不會接受他們的需要」，而這焦慮帶動他們返回之前的憤怒，造成憤怒－傷痛－焦慮－憤怒的情緒模式。

8.1.3. 辨別連繫於非適應性情緒的自我觀念

分辨情緒是否健康、屬於適應性、提供好的信息和值得跟隨，是一個重要的決定。上兩節的分析輔助我們分辨情緒是否健康，是適應性還是非適應性的情緒。一個健康的適應性情緒是帶動人向前行的，它未必是提供一個安全熟悉的感受。反之，它往往帶動危險不安的非適應性情緒，也因為如此，理性的分析便扮演了重要的角色，幫助突破不安危險的情緒。

另一個印證那些情緒是否健康或適應性的簡單方法就是：如果你認為目前的情緒狀態不理想，常常被情緒困擾，那你經常浮現的困擾情緒就是不健康的情緒，它並沒有帶動你向前，例如：與事實不符、過分的焦慮，因過往的經歷而經常浮現的羞恥，經常性的憤怒導致人際關係問題，或經常性的悲哀導致沮喪失敗的情緒。巴里非奧（Sandra Paivio）和格林伯格指出，[2]從情感性疾患和童年創傷的治療中，發現兩種困擾性的基本情緒是：羞恥和恐懼／焦慮，這兩種情緒都是源自於兩種對自己形成的觀念：

(1)「壞的我」：覺得自己無價值，是一個失敗者。

(2)「弱的我」：覺得自己脆弱，缺乏安全感，不能獨立，需要別人的支持。

因此，羞恥感是源自於「壞的我」，而恐懼焦慮是源自於「弱的我」，兩者都是罪的後果：前者是犯罪後的經歷；後者是被傷害後的經歷。兩者都是人從不斷累積的情緒經歷和認知結合而形成的自我觀念。長期的焦慮和羞恥都是不健康的情緒，雖然在某些情況下，它們可以是健康的回應。持續的狂怒也是不健康的情緒，因為曾被侵犯或經歷暴力傷害，亦會形成「壞的我」或「弱的我」的觀念。

要放下和離開這些不健康的情緒，其實並不容易，因為這些是熟悉安全的情緒，不會帶來新的驚訝，雖然是非適應性的情緒，但因我們較為習慣，所以較為舒服。因此，在改變和轉移為適應性的情緒時，很容易因為感受不安全和危險，而自動化地返回非適應性的情緒。這個改變的歷程需要不斷練習，克服自動化的機制，只要當意識自己又回到非適應性情緒，就再指示自己去放下、再轉變。另外，也要學習如何調節這不安全和危險或焦慮和羞恥的情緒，以致可以接納、包容而不用轉移為非適應性的情緒。

在辨別不健康情緒之先，首先要接納自己有此情緒。如果一個人不能承認自己有此情緒，那就失去改變這情緒的能力。這就等於一個不能承認自己有酗酒、賭博或偷竊習慣的人，他也沒有能力去改變這些的習慣。同樣道理，接納自己有「壞的我」與「弱的我」觀念，也是非常重要，因為接納是改變的開始！

8.1.4. 辨認連繫於非適應性情緒的催毀性信念／負面的思想

要改變非適應性情緒，除了從處理情緒的層面入手之外，也要克服所連繫的催毀性信念和思想。意識這些信念和思想，例如：「我是無價值」、「我不能獨立生存，必須依靠別人」、「無人可信，必須靠自己」或「我令人討厭」是非常重要，往往一般人並不留意這類思想的存在，因此並不為意他們的問題，但是這類的思想很容易被一些生活的情況所勾發起，而使非適應性情緒持續和強化。

> 每次當小冰遇到挫敗，躺在牀上，情緒低落的時候，認為自己「無用」、是一個「失敗者」的負面思想，就會浮現。本來已經感到挫敗的情緒得到強化和持續下去，由本來在一件事上遇到挫敗，而演變成為整個人一無是處，所有做的事全都失敗。因此，辨認這些蠶食性思想是非常重要的。

要改變這些負面的思想／信念，首先要辨別掌握這種思想／信念的表達方式，它們往往好像一把嚴厲的聲音，在心裏面對自己說負面的說話。如果仔細地分析聲音的內容，很多人會發現它類似父母或傷害的人以前對自己發出的責罵。這責罵起初是外在的攻擊聲音，久而久之，後來慢慢轉變成內在的攻擊聲音。雖然現在這些人已經不再如此對待自己，但是卻成為自我約束的思想／信念。因此，當人被傷害而不能反擊的時侯，內在所產生的憤怒會轉向自己，利用別人傷害自己的説話繼續傷害自己。對自己的負面思想愈多，愈容易患上抑鬱症。[3]

> 小冰每次抹地的時候就會對自己說：「你真無用，連家務也不會做，沒有人會娶你，你一世嫁不出去！」這個思想源自於父親對她出於關心的提醒，但是卻形成「弱的我」的觀念。小冰自己亦同時發現自己的行為表現：恐懼怕事、不敢承擔責任、怕做錯事，於是也只好認同家人對她的評語，不敢表達她的傷害和憤怒，只好相信自己是「無用」、「失敗者」，因此自然地相信自己「不會做家務」，以致也會「嫁不出」。

要改變這種負面思想和信念，我們需要去挑戰這些思想的準確性，並且引出正面的例子，去否定蠶食我們的負面思想。例如：小冰要去回憶一些過往的成功經驗，去提醒自己並不是凡事失敗；回想過往曾負責一些教會的事奉和幫助人的例子，去證實她並不是無用；也指出她曾參與和負責的家務，並不如父親所説般一點家務也不會做；最後找出個案證明嫁不出與做家務並無關係。

轉化歷程並不容易，因為這些負面不健康的思想已經成為生活習慣的一部分，我們對它已習以為常，因此並不容易將它分辨出來。當自己發現別人有些想法和自己的非常不同，便值得去檢視自己與別人不同的思想。我們可以諮詢身邊的朋友、主內弟兄姊妹、導師、牧者，如果大部分的人都與自己的想法不同，便值得用聖經的真理去分辨這思想的準確性。如果這個思想是否定自己或別人的價值，並且容易引起自己的負面情緒的話，這很可能是扭曲、不正確的負面思想。

8.2. 負面思想的轉化

8.2.1. 否定負面的思想

否定負面的思想需要首先掌握上一章提出的停止負面思想練習，然後才能進一步改變負面的思想。有很多人怕自己太樂觀或太驕傲，因此認為保存一些負面思想，可以幫助警惕自己，也可以免得自己容易失望，所以不太願意去改變這些負面思想。其實這個想法是一種自我保護的機制，免得自己再受傷害，是可以理解的。由於自我意識不夠強，需要利用外在的機制來保護自己所致。

小冰開始學習否定「自己是無能」和「一世嫁不出」的負面思想，但是面對表姊對她的負面評語：「情緒化」和「自我中心」，她仍然相信和接受，因為她仍然害怕被表姊拒絕或遺棄，恐懼將來失去依靠。因此，否定負面思想是一個過程，未能輕易一下子改變所有負面的思想，但是當小冰透過逐漸突破自己恐懼，嘗試學習獨立，她的自我意識會漸漸加強，更有能去否定某些負面的思想。

8.2.2. 加強正確或正面的思想

除了否定負面的思想外，也需要用正面的思想去取代它；不只減低負面的情緒，甚至可以加強正面的情緒。有些人怕肯定自己會變成太誇耀自己或吹噓自己，製造假象，因此選用正面的思想需要真實和反映現實，例如：自己成績或表現不是很好，不能說「自己很叻」或「自己一定得」；反而對自己說：「不用怕，我已在進步中」或「雖然我成績不是最好，不過也是中等，不是太差！」正面的肯定不一定是指表現，也可以肯定其中的努力和進步。

當某些負面思想未能夠完全被否定，可以先測試內容是否正確，嘗試將負面的思想改為正確的說法。小冰可以把表姊對她的負面評語「情緒化」改為「雖然我的情緒比一般人有較多的波動，但是我能夠處理情緒的能力已在進步中」。把「自我中心」的評估改為「與一般人一樣，當我被情緒牽動時，可能只能顧及自己，但是其他的時間，我也關心及顧及別人的需要」！

負面思想往往並不準確，尤其當人的自我形像低落時，會誤信這些思想是正確的，經過一段時間的誤信後，負面思想被接受為正確的想法。因此，拿這些思想與聖經的真理和事實對照一下，重新檢視其準確性是非常重要的！

8.2.3. 重新定位(Reframe)

重新定位是指將一個既定的觀念，用一個新的架構、價值觀、信念或標準去重新評估。例如：當一個人形容自己很懶，甚麼都不做，全都假手於人的時，這個人是以生產力作為標準，而懶是評估的結果；但是如果以節省自己的資源為標準，則這個人應該是一個聰明人，可以令到周圍的人為他效勞，而他不用出一分力。因此，重新定位是指改變一些既定的架構、標準或信念，而令整個思想有不同的意義。

小冰可以將自己是「無用」或「失敗者」的負面思想重新定位為「我是有福的人，因為神揀選我無能的人，為要我不要自誇，全心倚靠神」或「對世界來說，我是失敗；但是對神來說，我是揀選上好的福分，我的失敗帶領我去認識神」！聖經的價值和評估標準往往與世界不同，因此，很多世俗的觀念需要透過聖經的標準作重新定位。

8.2.4. 深層信念的更新

對自己的負面思想是建基於上一節所形容的兩種自我觀念：「壞的我」和「弱的我」，而自我觀念是從嬰孩時期開始累積的，是別人對自己的所有評語和自己對過往經歷的總結。對自己愈重要的人，他們的評語愈被重視。在情緒記憶路線中，情緒愈強烈及愈年幼的記憶，所佔的位置愈重要。因此，要改變深層的自我觀念並不容易，有愈多童年創傷及經歷的人，愈需要心理治療的幫助，一層一層去醫治和化解創傷的經歷，也改變創傷對自己、神或人定下的負面結論，漸漸替代「壞的我」和「弱的我」的觀念。

要改變深層的自我負面信念，需要明白這信念如何從過往的經歷所形成，並且這個負面信念給予自己甚麼幫助，及如何帶給自己負面的影響。負面信念的形成往往是出於一種自我保護的模式，如果小冰真的相信「自己是無能」的話，那麼，當別人說傷害她的說話時，她就不會憤怒，反而會接受和認為別人是對的，這樣就可以安全地保持與別人關係和諧，可以繼續依賴。至於祖業，「人不可信，我一定要堅強」的信念是保護他不去依賴人，以致他不會再被人傷害！雖然這負面的信念是一種自我保護的方法，但是要付出的代價，是令自己情緒困擾，自我形像扭曲，無法與人建立健康的關係。意識負面信念的出現，便給予人一個選擇的機會，決定是否繼續要用此模式保護自己。

改變深層的自我負面信念，我們需要：一方面去醫治過往形成負面信念的創傷；另一方面放下舊的負面信念，從神面前去領受一個新的信念。對於基督徒，深層信念的改變也可以透過禱告、神的話語，和聖靈的工作。佩恩(Leanne Payne)[4]的聆聽禱告中，鼓勵我們將對自己或別人的負面思想寫在靈修日誌，指明是扭曲的不正確的思想，然後邀請神去拿走，並且按著聖經的真理，用正確真實的思想去取代。這是一個思想洗滌的過程，檢視那些因過往的傷害，而形成對自己或別人負面不真實的結論，需要去命名其扭曲性，讓真理光照，求神取去毒性的惡瘤，取而代之是從神而來正面真理的思想。我們內心的思維意識，也需要真理的洗禮，被神的話潔淨、釋放，成為聖潔和自由，內疚和負面思想只會導人走向罪惡和絕望，當這些負面催毀性的思想被潔淨和改變，人才能夠真正得到神的寬恕和接納，使人能夠在基督裏得著真正的自由(約八32)。

祖業因曾被人傷害，經常不信任人，對人和自己有扭曲負面的思想，他經常浮現的負面思想包括：「人不可信，我一定要自己堅強！」、「我脾氣暴躁，經常傷害別人，沒有人接納我。」當祖業將這些負面扭曲的思想寫在他的靈修日誌中，邀請神的靈去光照他，與他對話。在等候中，神的話語浮現：「我們縱使失信，祂仍是可信的，因為祂不能背負自己。」(提後二13) 使他明白原來不只是別人，連他自己也不一定可信任，因為人就是有軟弱的地方，要堅強靠自己，並不是真理，也不可能。然而，這段經文給他心中安慰，因為雖然人會失信，但是他仍可以倚靠可信任的神，當他嘗試去相信神之後，內心頓然浮現一種從未感受過輕省的感覺，可以放心學習倚靠神，因此取而代之的是「神是可信，我可以倚靠祂」！

另一段的經文也提醒祖業，幫助他改變他不被接納的負面思想：「神卻揀選了世上愚拙的，叫有智慧的羞愧；又揀選世上軟弱的，叫那強壯的羞愧；神也揀選了世上卑賤的，被人厭惡的，以及那無有的，為要廢掉那有的……」(林前一27～28)。這節經文也給祖業帶來安慰，他雖然被人拒絕，但是他卻被神所揀選，叫那些拒絕他的人羞愧。他開始學習用正面真實的思想：「我雖然脾氣暴躁，但是神仍然揀選我，我要相信神會幫助我改變我的脾氣。」

8.3. 情緒的轉化

當情緒停留在非適應原始性、輔助性或手段性的階段，只會滯留不前，感到阻塞，也是顯示情緒需要轉化。以下是轉化情緒的方法之三個步驟。

8.3.1. 轉移焦點於適應性情緒

如第七章所提及，適應原始性的情緒往往是被隱藏的，因此，嘗試去尋覓和強化隱藏的情緒，是轉移方法的首要步驟。三種情緒組合的模式，顯示當輔助性情緒轉移時，適應性的原始性情緒也開始浮現時，很快會浮現非適應性的原始性情緒，而去將情緒轉移回到最安全的輔助性情緒。

因此，透過建立一個處理情緒的空間和接受安慰，可以幫助去調節這非適應性情緒的強弱度，並且持續地去接觸這個情緒。學習與人分享這個被隱藏的情緒也可以幫助化解一些不必要的恐懼或羞愧，經歷別人的認同和接納，除了可以加強自己接納非適應性情緒的能力，也加強了自我意識。例如：小冰每次要跟身邊親密的人對質時，就會感到內疚和恐懼失去關係，小冰學習面對這個恐懼的感覺，適度調節與親密的人對質的圖畫，漸漸克服面對恐懼的感受和注意所浮現的思想轉變歷程。

8.3.2. 集中焦點於自己的需要、目標和關注

我們可透過適應性的原始性情緒去感受和意識自己的需要和目標，目標一旦清晰以後，這可以幫助自己去挑戰負面思想，並且改變對環境的理解和相應的行為。當小冰從自己的憤怒中開始意識到她需要學習獨立，多表達自己的需要和肯定自己時，這個意識幫助小冰去嘗試克服恐懼的感受，去表達她的需要。當一個人有前行的清晰目標，就會自我推動，較容易動用內在的資源去克服困難。情緒不能用理性去改變，但卻可透過挑動一些正面的方法去替代負面的方法，去帶動正面的情緒。祖業要從自己的悲傷中去意識他情感上的需要，雖然外在的他表現很堅強和獨立，內

在的他其實很脆弱，需要被保護和支持，他需要學習用正面的方法表達的需要，而不是用責罵的方式埋怨人的冷淡。

真正的需要通常都是與主力的動力系統有關(依附、情感和控制)。被傷害的人需要是保護、安慰和情感的支持，這正是祖業內心最需要的；需要別人肯定的及需要自治的能力，這也是小冰的目標。因此當人認為自己無價值，墮落和邪惡，相連的感受往往是恐懼、羞恥、內疚或悲傷，而最需要的是感到被接納和被肯定為有價值。

學習表達內心的需要並不容易，卻非常重要，因為人際關係的問題往往源自於彼此不明白對方的需要，而構成誤解，能夠清晰表達自己的需要，已經是成功的一半。表達需要之所以困難，是因為過往在表達內在需要時，曾被取笑或責罵，不想再受傷害，而適應性的原始性情緒往往與內在需要相連，因此，表達適應性的原始性情緒時會暴露內心的需要，因而讓人感到危險。其實人的需要並不可恥，因為這是普遍共通的，所有人都有類似的需要，故此，可以坦然表達自己的需要是健康的表現。

8.3.3. 聚焦於滿足部分需要的行動計劃

內心的需要往往因長久未得滿足而導致有很高的要求，令身邊的人感到吃力，未能滿足對方的需求，也容易令自己失望，感到挫敗和失落。因此，把目標訂為滿足部分的需要較為合宜，也會增加成功的機會，況且有些需要是童年所失去的，未必可以完全給予補足，需要接受部分的滿足。一旦清晰內在需要，就可以透過行動去幫助自己帶動正面健康的感受。

8.4. 行動計劃的實踐

8.4.1. 情緒的表達

研究顯示情緒表達和溝通是一個主要的自我調節系統，組織嬰孩如何對周遭環境的回應，也提供足夠情感的信息去調節別人的行為。[5]情緒的表達是溝通性的，用來調節社交互動關係。情緒表達是與生俱來的能力，嬰孩一生出來，就懂得使用非語言的表達，如面部表情、聲調、身體語言和哭啼，透過語言的學習和文化的薰陶，語言漸漸成為情緒表達一個重要的渠道，幫助人更能夠適應環境和滿足內在的需要。

斯坦頓 (A. Stanton) 等人的研究發現患有乳癌的女性，透過經常能夠表達內在的情緒，會較少需要尋求醫療的協助，並且提高身體的健康和活力，也減少情緒的困擾。[6]這個結果也提出了情緒的表達相比單是情緒認知更為有效。對於那些擁有主權和盼望的人，情緒的表達更能幫助他們有效地追求目標。

適應性的原始性情緒可能是因被傷害而憤怒，或因失去而悲傷。而這兩種很快被非適應性的情緒羞恥或恐懼所掩蓋。當人可以用言語描述羞恥或恐懼的感受，他們就開始可以增加對這些情緒的控制，也開始明白這羞恥和恐懼的感受源自於過往所受的傷害，當這感受漸漸淡化，適應性的原始性情緒自然會浮現。

其實，原始性情緒一經表達之後，便會轉化或消失。例如當一個人被傷害後覺得很憤怒，如果這個人能夠向傷害他的人表達他憤怒的感受，而對方也接受之後，很快這個憤怒感覺便會煙消雲散，就算這個人再回想或講述這件往事，也不會感受到憤怒。又正如當一個人失去了親人的時候會很悲傷，但當這個悲傷的過程經過一段時間的哀哭及表達之後，漸漸哀傷的感受會淡化，及至有一天，當這個人回想已故的親人，會有一種懷念的感覺，但並不一定會有悲哀的感受。相對地，輔助性情緒的表達卻不會有此效用，因為這個並非真正內在的核心情緒。雖然通常這個情緒最多被表達，但是並不會幫助化解這個經常呈現的情緒，真正需要表達是原始性情緒。

第六章提到能夠用言語形容自己的感受除了幫助明白自己感受之外，也增加對自己情緒的主控權，同樣能夠表達自己的情緒，也會增加自我肯定，有助於建立一個正面的健康形像。當人可以宣佈自己的感受而不覺得羞恥或恐懼，就是一種的自我肯定。當人可以真實面對自己的真我，就會釋放自己內在的能力，不需要再掩飾，扭曲或壓抑，可以完全的表達出來，這會是一個具有強勁震撼力的經歷。

8.4.1.1. 表達情緒的困難

初生嬰兒的情緒表達非常直接，亦很強烈，都是沒有修飾的，但是當孩子漸漸成長的時候，因受到家人的教導及社會的薰陶，在很多道德規條的規範下，他們開始學習甚麼是合適的情緒表達。因此，情緒表達包含了社會的規範，與情緒的意識是兩回事。能夠在不同場合，恰當地表達情緒是需要高度的情緒智商——文化、生理與智慧的整合！

人需要學習選擇甚麼去表達，甚麼去壓抑……透過情緒和理智的結合，才能帶來平衡與健康，人需要被情緒所引動，同時也要能夠平定和反省自己的情緒。[7]

中國人的文化比較要求體面及合宜，對過度的情緒表現，例如憤怒、悲憤、消沉或興奮都會比較有所保留。尤其如果也是基督徒的話，更加會關注自己行為是否有損害基督徒的見證及表現，作出恰當的收斂，是適者生存的重要學習，否則會不被社會或羣體接納，但是一個人如果長時期在任何情況下都不能夠表達自己的情緒，或者容許自己去感受這些情緒，是一個危險的徵兆，在第五章中已詳細解釋。

孩子從小在某種家庭的文化成長，從小就學習嬲怒是不可以接受的，當他表現嬲怒的時候，父母就會表達不接納、威嚇，甚至以打和罵的方法去制止孩子的表現，因此孩子很快明白到憤怒是不正確的，或不可以的，於是每一次嬲怒的時候，基於以往的經歷，他們學曉了怎樣用心理防衛機制去控制自己的憤怒，長大後表達憤怒的情緒會感到不應該和危險。

8.4.1.2. 健康的情緒表達方式

情緒若表達得合宜，就不會一直困擾下去。但是最不幸的是，日常生活當中，很多時候我們的感受並不是不可以表達，也不一定不被接納，而是找一個合宜的途徑表達這些感受是很重要的。因為當我們不去處理我們的感受時，便可能會帶來嚴重的後果：包括心理上的健康，對自己對別人認知上的扭曲，或會不期然地將這些感受投射或透過其他方法去傷害了身邊的人。因此，真實表達自己的感受遠比其他的方法更為安全。

有很多基督徒都認為，為了愛的緣故，基督徒不應該與人去計較，也不應該小氣，要寬宏大量及寬恕別人，這些道理都是很正確的，但是如果為了要去容忍別人的傷害而造成自己的傷害，豈不是兩敗俱傷嗎？當我們去容忍別人的傷害時而不去表達，往往造成縱容對方繼續傷害他人，因為我們沒有讓對方明白他們的言語行為的傷害性，導致他們繼續去這樣做，令到他人及自己再受到傷害。為了要去做好基督徒的表現而不斷傷害自己心靈及自尊，也不是一個美好的見證。

因此，需要澄清聖經的教導是有兩面的，神是公義和慈愛的，如果神的愛只是慈愛而沒有公義的話，神只是在縱容我們，神不斷的寬恕及愛我們，卻沒有指出我們的罪行，沒有指出我們需要悔改的話，我們只會濫用神對我們的慈愛，因此神慈愛的背後有祂的公義，需要將事情的黑白真假去分辨清楚。

這道理套用於我們彼此的肢體關係當中，也是如是，聖經於以弗所書所指出「惟用愛心說誠實話」(弗四15)，正是指出在建立真正的肢體關係當中，愛心與誠實是並重的。負面的感受一樣可以用正面的方法去表達出來：例如告訴對方說：「我想讓你知道，你說這句話，讓我感到很受傷害」，然後解釋原因，這種表達自己的方法並沒有責備性及羞辱性，真誠的表達是為著愛對方的緣故，把自己的感受，坦率地分享出來，以致對方能夠明白，並且透過彼此的理解及接納，這個傷害就在分享的過程當中得到醫治，並且也因為彼此的認知，使到以後在這個關係當中，這個傷害不會再重蹈覆轍，亦都透過彼此坦誠的分享，更加速了關係的深入及親密度。對於「弱的我」與「壞的我」，要表達憤怒和受傷的感受，並不容易，他們也恐懼自己的說話會令對方造成傷害。其實，只要不含指責性及羞辱性的坦誠分享，並且願意接受對方的解釋，是不會造成傷害的；如果對方感到受傷害，是因為不能接受事實的真相，而並非是分享者的錯。「壞的我」往往因為未能包容對方受傷的感受，所以不想如此殘忍引起對方的痛苦，其實這是因為「壞的我」很難面對自己痛苦的感受，因此，也不想看到別人的痛苦。而「弱的我」是很難面對自己的憤怒的，他們怕別人責怪自己不該有這情緒。

健康的表達方式可以包括以下六點。但首先在未表達之先，要確保所表達的原始性情緒已經得到適當的處理：包括形容、理解、接納、和辨別組合模式以及負面的思想，並且已經適當地被調節。

(1) 尋找一個適當的空間

要在彼此心平氣和的時候表達，切忌不要在發生衝突或情緒高漲時表達，不然很容易說意氣的說話，傷害彼此的感情。

(2) 選擇一個適當的渠道

選擇哪一個途徑是最好的，例如：單獨面對面、信件、電郵、電話或找一個中間人。首要考慮是對方的性格和承受正面批評的能力，有些人太好強、要面子，未必能夠接受面對面的表達，這種情況下可以考慮採用間接的方式；又或者對方習慣逃避，未必可以承受面對面坦誠分享的壓力。其次考慮的是自己的能力，是否有勇氣正面表達或需要安全的空間。因此最後選擇的渠道是兩個因素的總結。

(3) 清晰自己表達的目的

表達的過程中，往往期望對方改變，而可能導致更多的衝突或失望。因此要清晰目的，只是表達自己的感受，而不是責備對方或企圖改變對方。甚至要接受表達感受後，對方未必明白或嘗試去明白，也不一定會有改變。

(4) 嘗試給予對方中肯的評估

在表達對對方的負面情緒之前，先正面肯定對方的優點，付出或可表揚之處，以致對方不會覺得自己只看到缺點，而不看到優點。

(5) 平常心去表達負面情緒

用「我」作為句子的開始是一種表明自己責任的表達，例如：我感到失望、悲哀、憤怒或恐懼，而不是「你」令我如此……，後者會帶有一種指責的口吻。表達感受後，再加以解釋自己感受的原因，儘量誠實表達，不然對方很容易感到你的不真誠，容易產生反感或猜疑的心。

(6) 嘗試用同理心去明白對方的感受

溝通其中一個困難是雙方都很維護自己的想法，而不願意去接受明白對方的論點。明白／接受並不等於讚同。因此嘗試去明白別人的感受和需要，而不去改變對方的論點，會容易展開一個真誠的交流，而不是舌戰。

8.4.1.3. 如何向不能再接觸得到或不合宜的對象表達情緒

有些要表達負面情緒的對象已經離世或不願意再和自己溝通，另外一些情況是高齡的父母，無論他們身體健康狀況、理解的能力或接收的心力都有限制。在這情況下，而自己卻有一些重要的情緒未曾表達，可以怎辦呢？我們仍可表達情緒，對方未必需要接收到，能夠單方面表達真正的情緒，仍是可以幫助自己情緒的轉化和化解，因為我們需要處理的是對方過去在我們心中留下的烙印，以及我們怎樣去化解這個傷害。

有些人透過未寄出的信或寫完燒毀的信的形式，來表達心中的感受，也有人到已故人的墳墓前，表達未訴的心聲。在心理治療中，這是其中一個常用的技巧是「空櫈」技巧。

每次小冰想起母親在她三歲的時候將她送去阿姨家寄養，她就感到很傷心、很徬徨、很渴望得到母親的安慰。以前母親常常打牌，從沒有關心照顧自己，每次小冰想起時，總是感到悲傷難過。她一直未意識對母親有憤怒的情緒，及至她開始意識自己的核心的情緒——憤怒。有一次在談及母親的時候，她突然感受到對母親的憤怒。可是，小冰的母親已離世，她已沒有機會向母親表

> 達她的感受。治療師在小冰的對面放了一張椅子，請小冰想像她的母親就坐在椅子上，並協助她向母親表達自己心中的感受——她過往從沒有未表達的憤怒情緒。之後她感受到一種輕鬆的感受，好像放下了一些包袱。

向母親表達憤怒較對表姊表達憤怒容易，因為母親並不是支持她的人，她不需要母親。她在阿姨家中，由表姊照顧她、對她好，母親的位置亦漸漸被表姊代替，她把對母親的渴求轉向表姊，但是表姊卻不是她的母親，並不能夠給她母親對孩子的愛和接納！不過在這個階段能夠向母親表達她的憤怒已是一個進步！

8.4.2. 界限的設立

情緒的表達是神賦予人重要的功能，以致人可以與人相處和管理這個世界，但是情緒表達後，並不等於別人會接受或改變。很多患有抑鬱的人感到無助是因為別人並不理會自己所表達的情緒，於是感到自己所受的困擾，無法舒緩，表達憤怒的情緒未能改變問題，於是憤怒無奈地轉向自己，覺得自己無能——「弱的我」。因此，當表達情緒後，而對方不願意合作，就需要設立界限，保護自己不再受傷害。界限的設立，可以包括自己不願意再參與某些對自己有傷害的活動，不再與傷害自己的人繼續關係、繼續溝通或將關係性質變得疏遠或冷淡。界限是人際關係相處中重要的工具，調節彼此關係的矛盾和衝突，平衡彼此的利益。自我觀念「弱」的人對於需要支援的關係上，設立界限方面會有困難，因為怕失去對方的支持和幫助，無法獨立生存，因而無法與支援者訂立清晰的界限。

> 小冰怕失去表姊的支持，與表姊關係無法有清晰的界限，不敢表達對她的不滿；不過，面對父親的關係時，小冰可以表示她對父親某些要求和行為的不滿，與父親關係反而較為暢順，這是因為她知道父親年紀老邁，而他也不是支持自己的人，所以不擔心失去與父親的關係。

相對地，自我觀念「壞」的人對於親密關係上，界限設立太堅固，不容易讓別人明白和了解自己，怕別人認識真正的自己而會厭棄或恥笑自己，因此自我防衛的機制太堅密，造成內心空虛孤單，無法與人建立親密關係！所以這類人要學習多表達自己的軟弱和哀傷的感受，而經歷別人的接納，漸漸淡化「壞」的觀念，當自我形像較為健康，自我保護的機制也會減少，界限也能彈性處理。祖業從不敢向人表達自己脆弱的一面，恐懼被人傷害，以及悲傷的情緒皆隱藏內心深處，當他能夠展露內心真實的一面，「壞」的觀念也會漸漸被醫治和淡化。

8.4.3. 表達內心的需要

表達內心的需要有如表達核心適應性的原始性情緒一樣困難，因為這需要關乎到自我觀念「弱的我」和「壞的我」，每次想表達需要時，恐懼、焦慮或羞恥的情緒就會浮現，保護自己。因此，學習表達內心的需要時，要先能夠調節恐懼和羞恥的情緒。表達需要時，另一個困難是怕再受傷害和失望，過往已有很多類似的經歷，不想再重蹈覆轍！

學習如何去評估對方，是否有能力去回應自己的需要和幫助對方去接受自己的需要，也是重要的學問，可以先將需要的內容作為一個討論的話題，可以問對方對於一些有此需要的人有甚麼看法，如果有這個需要的人是他身邊的人，他又會如何回應？透過對方的回應，已經可以評估對方對此需要的接受能力，並且他會有何反應，如果發現對方的反應欠缺理想，可以在理性層面作交流，幫助他從另一個角度思考。這類情況特別適用於家人或伴侶，希望透過溝通去加強對方對自己需要的接受性。

對於自己需要曾被拒絕的人，也要學習分辨需要被拒絕並不等於自己被拒絕，也不等於需要是不應該！被拒絕的原因可能有很多其他外在因素，例如：對方的性格、對方無能力去給予需要、對方誤解需要、或彼此的需要有衝突！學習接納別人未必能夠給予自己的需要或無能力接受自己的需要，是成長中一個重要的學習，但是並不等於表達需要是白費的，因為這刻沒有能力並不等於將來不能，能夠幫助對方了解自己需要，已經是一個重要的部分，令到彼此關係更進一步，並不一定要對方同意或接受自己的需要。

恐懼被人拒絕的人同樣會有困難拒絕別人，因為他們也不想別人一樣經歷自己被拒絕的痛苦，因此自我觀念「壞」的人雖然界限堅固，不容易讓人明白，但是卻怕說不，不想傷害別人感受；而自我觀念「弱」的人，只是對於他們需要支持的人，不敢拒絕，怕失去依靠，但是對於其他的人，說不並不困難。

被拒絕那刻的感受是非常難受的，但是如果能夠去包容這個難受，過一會就會散開，回復正常，只是不要被「我是被拒絕」、「別人都不喜歡我」或「我不被接受」等的負面思想所控制！也可以在表達需要前，有一個計劃，如果對方不接納或拒絕自己的需要，下一步可以怎樣安排。自己的需要是否有妥協的餘地，可以先了解對方拒絕的原因，然後作出合理的改變，或接受對方的限制，尋找另一個人去提供自己的需要。

> 小冰不敢向表姊表達她需要被尊重和接納，每一次表姊好意的負面評語都令她很心傷。她認為表姊不會接納她的需要，也不明白怎樣是尊重和接納的表現，因為表姊也未曾經歷父母的接納和尊重。

小冰可以先和表姊討論從聖經的教導、接納和尊重的含義，就如神完全尊重人的自由意志，讓人有自由選擇的權利；所以表姊也要學習尊重小冰的決擇，無論表姊同意與否！神如何接納人的罪；同樣表姊也要明白小冰會出錯，不要對她太多的不滿和指責。當表姊開始明白接納和尊重的概念，小冰可以嘗試與表姊分享自己感到不被尊重和接納，同時也肯定表姊對自己的關心。

起初表姊可能不願意承認自己有不接納或尊重小冰，甚至未必願意改變！如果小冰可以留意以後表姊再對她表示不尊重或接納，她可以每一次不厭其煩地再提醒表姊，多謝她的好意，但是這對她並沒有幫助。表姊就算不同意，也會漸漸覺得很煩，自然就會改變自己的方法。

8.5.「弱的我」與「壞的我」

每一個人都有「弱的我」與「壞的我」，前者是神創造人的本質，人的心靈需要與創造者建立關係：需要被愛、保護、肯定及尋找生命的意義，人需要找尋一個比自己更強及更有能力的膀臂，因為每一個人都會有軟弱無助的經歷；而後者是人犯罪後的結果：每一個人都要面對自己醜惡的一面，有時也難以接受，想去逃避或掩飾。

每一個人都有這「弱的我」和「壞的我」，但是我們成長的經歷會傾向使我們較容易表達其中一方的我，如果我遇到一個比我更「弱」的人，我自然會變成更強和更獨立；如果我遇到一個比我更「壞」的人，我自然會變成柔弱，不能彰顯強硬的一面。當小冰看到對方柔弱，她就會表達她的憤怒，很想改變對方的柔弱，她「柔弱」一面投射於對方身上，她卻變成強者，被對方依賴。當祖業遇到一位個性比他更強硬的心儀女性，他只好放下自己的脾氣，接受對方的要求，學習去遷就對方！

「弱的我」要學習去接觸自己堅強的一面，當「弱的我」開始建立自信，發揮自己的能力時，「弱的我」會漸漸轉移去「壞的我」，後來發現依靠自己的能力，並不足夠，從自己的盡頭，去經歷學習依靠神，面對自己的羞愧和醜陋的一面，從自己的軟弱中去經歷被神接納，更深去明白神的大能如何在軟弱的人身上顯得完全，這就是現在活著「不再是我，乃是基督在我裏面活著」（加二20）的真意！

8.6. 治療過往的負面情緒記憶

除了學習管理這刻的情緒反應外，能夠醫治或治療過往的負面情緒記憶，也會幫助減輕過往的情緒再被勾起的強烈度和頻率，既然情緒路線是累積過往不同事件的經歷而組成，因此當部分事件的負面情緒被治療後，情緒路線所勾起的情緒的強烈度會減少。以致日後遇到熟悉的事物、人物或境況，負面的情緒從記憶中被勾起的機會較少和強烈度較弱。

醫治或治療過往的負面情緒記憶，可以透過不同的渠道：邀請耶穌進入過往回憶的片段，成為自己的幫助；重新經歷某個記憶的片段，能夠整合並作出理性的分析和合適的回應；向當事人表達對過往某事件的感受和互相交流心中的需要，這些都會形成對這個回憶有新的體現和結論，結合理性和對某個記憶所經歷的強烈的情緒，去整合兩套的記憶系統。

成長練習

以下的練習可以單獨反思或用作小組討論之用。

練習一

1.1.從第二章的練習二列出你的

A. 輔助性情緒：________________

B. 適應性的原始性情緒：________________

C. 非適應性的原始性情緒：________________

1.2. 如果將以上列出的情緒排列成A—B—C—A，你的情緒組合模式是以下哪一種：

A. 悲傷—憤怒—恐懼／焦慮—悲傷

B. 憤怒—悲傷—羞愧—憤怒

1.3. 如果你的答案並不是A或B，可能你在第二章練習二的答案未必準確，可以再重做第二章的練習一和練習二，並且嘗試選用另一個常被勾起的回憶。

1.4. 如果你的答案是A，那你可能感受自己缺乏安全感，不能獨立，需要別人的支持；你的自我觀念是「弱的我」。

1.5. 如果你的答案是B，那你可能感受自己無價值、失敗、不夠好或不被接納，你自我觀念是「壞的我」。（以上「弱的我」和「壞的我」的形容可能未必完全符合你的表現，但是可作一個提示，指向你需要注意和成長的地方。）

1.6. 整合以上的資料，並且將它寫在下面，你也可以藉禱告告訴神，讓聖靈更加清晰地指示你，也可以祈求神給你勇氣去接受自己的真我，並且嘗試與一個親密的人分享。

____

____

練習二

注意日常的生活中，你的恐懼或羞愧的情緒，如何阻止你去感受或表達憤怒的情緒（若你在練習一選擇了A）

或悲傷的情緒(若你在練習一選擇了B)。可以將這些狀況寫在你的靈修日誌中或禱告神，祈求神給予你力量和勇氣去勝過恐懼或羞愧的情緒。

____

____

練習三

嘗試去強化面對非適應性情緒(恐懼或羞愧)的能力。想像那個令你憤怒或悲傷的人坐在你對面，你會怎樣向對方表達你隱藏已久的非適應性情緒？在表達過程中，注意你怎樣不經意地表達了你的輔助性情緒(悲傷或憤怒)。嘗試停留在隱藏情緒的一點，求神給你力量去勝過恐懼或羞愧的情緒。

____

____

練習四

4.1. 從第七章練習二列出你經常浮現的負面思想。

(1) ______________________________

(2) ______________________________

(3) ______________________________

(4) ______________________________

(5) ______________________________

請將這些負面思想與「弱的我」或「壞的我」作一對照，它們是否互相吻合？

4.2. 注意這些負面思想如何影響你的情緒，保護你不受傷害。

____

____

練習五

5.1. 嘗試用聖經的真理或真實的情況去評估所浮現的負面思想，並嘗試找出正面／正確的思想去代替。

	負面思想	正面／正確的思想
(1)	________	________
(2)	________	________
(3)	________	________
(4)	________	________
(5)	________	________

5.2. 從你的負面思想和「弱」或「壞」的自我觀念中，列出一些你對自己的評估：例如醜樣、無膽、無用、飯桶……嘗試用另一個角度或價值為你的負面評估重新定位。

	負面評估	重新定位
(1)	________	________
(2)	________	________
(3)	________	________
(4)	________	________

5.3. 嘗試將以上的負面思想和負面的評估寫在靈修日誌中，指出哪些是扭曲不正確的思想，然後邀請神將它們拿走，並且按聖經的真理，用正確真實的思想去取代。

練習六

嘗試找一件令你有些不愉快或不滿的小事，按著健康表達情緒的六個重點，學習與當事人分享。事後再作出評估，這個方法對你不愉快／不滿的感受有沒有幫助？對彼此的關係是否有幫助？

____

____

練習七

如果練習六成功的話，可以嘗試繼續用這個方法，處理日常生活中令你產生情緒困擾的事。在學習初期，找一些較為簡單和容易處理的個案，漸漸增加難度。如果不成功的話，可以檢討問題所在，也可以請教其他這方面有經驗的人，研討問題所在，再加以改良。

____

____

練習八

8.1. 反省你與人相處的模式中，你的界限是模糊不清或界限太堅固，不容易讓人進入？如果你的自我觀念是「弱的我」，你的界限可能會不清晰。如果你的自我觀念是「壞的我」，你的界限可能太堅固，嘗試在這方面作自我檢討和反省！

____

____

8.2. 求神幫助你去改善你的界限：清晰化或軟化，使人可以明白你。

____

____

練習九

嘗試透過你的核心情緒去找出你內心深層的需要，自我觀念「弱」的人可能需要被尊重、接納、能夠獨立；而自我觀念「壞」的人可能需要被明白、了解、接納、建立親密關係，找出你內心最大的渴求：

(1) ______________________________

(2) ______________________________

(3) ______________________________

(4) ______________________________

練習十

10.1. 將你內心的需要告訴神，邀請神回應你的渴求。

____

____

10.2. 嘗試找一個合適的人分享你的一些需要，細心體會整個歷程，你有甚麼感想？

____

____

10.3. 嘗試為一個你很想向他表達你的需要，但是未必有能力去認同或接受你的需要的人禱告。先從理論層面上交流需要的內容，幫助對方明白，然後再找一個機會表達你的需要，不要期望對方接受或改變，目的只是表達和令對方明白。

____

____

9

情緒的關懷

在現今的社會裏，有情緒困擾的人比比皆是：抑鬱、焦慮、狂躁、神經緊張、強迫性思想行為、長期失眠……他們可能是你的家人、同事、上司、朋友、戀人，甚至伴侶或孩子。因此，其中一個經常被問及的問題是：我們怎樣與他們相處，怎樣去幫助他們，與他們相處而不令關係惡化？作為一個基督徒，因著神的大愛，我們也要學習彼此相愛，尤其對有情緒困擾的人，他們更需要經歷被愛、被接納，教會作為一個愛的團體，可以在關懷情緒困擾者的事工上，發揮醫治的果效，與他們同行生命中的憂怒哀樂！

9.1. 關懷情緒困擾者的陷阱

面對有情緒困擾的人，一般人會有點不知所措，不知道該如何去幫助他們，常用的方法是聆聽他們的不愉快經歷後，給予一些忠告及勸勉，最普遍的勸勉便是：「算啦，事情已發生了，不如忘記它吧！」或「不如放棄這個傷害你的人，不要理會他！」或「不要想太多，這會令自己更加不開心的，不如去旅行使自己開心些！」等等說話。其實這些忠告都是懷著好意，希望減低困擾者的情緒反應。但是，這些說話並不是很有效。就如之前所提及的，情緒是需要表達之後才會化解的，因此，這些勸勉並不會為受困者帶來真正的解脫，反而會令到受困者覺得別人不接納他們某些感受。

關懷者往往因為恐怕困擾者情緒過分激動，所以不敢去認同他們的憤怒或悲哀，只是儘量勸他們不要太過激動，放開一些。當困擾者的情緒不被認同時，便會更加質疑自己的感受是否過分或不恰當，而嘗試採取對方的忠告。但是，當困擾者發現自己不能放下某些感受或思想後，又更加怪責自己無用，也不敢再告訴別人自己的感受，怕別人認為自己無用或不聽取人的忠告，於是更加的不接納自己有這些不應該的感受。因此，這種關懷方式很容易成為一個陷阱，使到關懷者及困擾者都覺得很挫敗及沮喪。

9.2. 與情緒困擾者相處之道

9.2.1. 接納自己的負面情緒

要與他人相處，EQ是很重要的。因此，面對有情緒困擾的人，能恰當處理自己的情緒，是關顧者的首要條件。但是，很多人並不知道怎樣去幫助自己增加EQ，我們可以從本書第六章的「6.3.增加對情緒的意識」（頁101）及「6.4.接納自己的情緒」（頁103）開始。當一個人能夠對自己的情緒有一定的清晰的意識，就不會把自己的情緒投射於他人、怪責別人，也不會隱藏、扭曲或甚至放縱自己的情緒。當他清楚認識自己的內心世界，他與人的關係也因此而清晰，不會含糊。例如：當別人要求他做一件他不想做的事情，他可以清晰地拒絕而不需要拖拉，表面答應而事後又後悔、忘記去做，或背後埋怨別人提出不合理的要求，因而導致別人很不滿意事情的效果或因背後的埋怨而傷害了關係。一個本來很簡單的關係，會因為自己不能夠清晰表達自己真實的情緒，而帶來一連串的複雜後果，最後也分不清楚到底誰是誰非。因此一個人如果能夠清晰及誠實地面對自己的感受，亦能容易面對別人的感受。

當人能夠接納自己的負面情緒時，也能夠坦然地讓別人去表達他們的負面情緒。因此，怎樣面對別人的情緒，反映了一個人怎樣面對自己的情緒，當自己能處理好自己的情緒，面對別人的情緒時，亦都可以帶著某程度上的明白、包容及接納，人際關係的相處便來得容易，透過彼此真實的分享，更能增加關係上的滿足感。因此，處理好自己的情緒是首要條件，前八章的內容正是能幫助你對處理情緒有更深的認識，以致面對自己或別人的情緒時，可以容易掌握。

「弱的我」關懷者，在關懷歷程中，容易對「弱的我」困擾者感到憤怒，可能不能接納對方的柔弱，以及他們恐懼改變的表現；而面對「壞的我」困擾者的橫強態度，他們會感到無助與氣餒。而「壞的我」關懷者，容易對「弱的我」困擾者產生厭煩感覺，卻又害怕傷害對方弱小的心靈；而面對「壞的我」困擾者，會感到挫敗和被拒絕。

9.2.2. 接納困擾者的情緒波動

既然情緒是神賦予人的求生本能，情緒波動便是一個重要的信號，為我們提供重要的資訊，以便人可以即時回應。因此，面對情緒波動，處理的方法不是去壓抑波動的情緒，而是去了解波動情緒背後的原因。一般人通常都不接納自己的波動情緒，因此也會恐懼別人的情緒波動，不知如何使對方平伏下來。就如本書第六章所描述的，情緒如海浪一般：有時波濤澎湃，有時會潮退，也有時會風平浪靜，有自然的韻律。波動的情緒不會永遠波動，它會自然減退，也會自然再浮現。能夠明白這個自然的定律，就不再因情緒波動的現象而恐懼，這會給情緒困擾者一個很大的祝福，當困擾者能夠接納自己的波動情緒，他們情緒困擾的徵狀也會自然減少。這也是在心理治療中首要介入的重點。

「弱的我」關懷者難於接受自己的憤怒情緒，因此較難面對困擾者持續的憤怒，想儘快安撫平定；而「壞的我」關懷者卻難於接受悲傷的情緒，對於困擾者持續的傷痛，會無所適從，很想改變對方傷痛的情緒。

9.2.3. 接納困擾者的狀況

除了難於接納困擾者的情緒波動外，接納他們的生活模式也是相當困難的。情緒困擾者可能有以下生活習慣：日夜顛倒、花大量時間上網和ICQ、不務正業、生活潦倒、孤立自己或大肆揮霍。其實，困擾者也知道自己的生活模式不健康，但是這些方式都是他們暫時舒緩和逃避痛苦的方法，幫助他們繼續生活下去。困擾者也對自己的狀況感到很內疚和後悔，因此，再去指責他們，只會加重他們的負擔，使他們更深感到被拒絕；反之，學習接納他們的狀況，能夠幫助他們學習接納自己的狀況，慢慢改善。很多家長認為他們的孩子的問題是生活作息不定時，太夜就寢和過度上網令他們沒心機讀書，家長以為這是問題的焦點，其實，這是些是情緒困擾的徵狀，而不是真正的問題！家長愈想改變孩子，孩子就更反叛，變本加厲。因此，家長可嘗試把這些問題看作孩子舒緩情緒困擾的方法，將重點放在了解情緒困擾的背後導因，才可有助孩子慢慢改善。

要接納困擾者的頹廢表現並不容易，尤其當困擾者是自己的家人或兒女時，那份接納就更難得。當中反映了關懷者難於接受自己頹廢的一面。當一個人能夠真正接納自己，便能接納自己的弱點，面對其他人的弱點及困難，便自然會多一份接納，也能夠接納每一個人在生命的歷程中，總有低落頹廢的日子，學習勇於面對比不接納及埋怨更為有效。

9.2.4. 清晰的界限

接納並不等於放縱。很多人以為接納困擾者的狀況，就是縱容他們繼續每況愈下，鼓勵他們放棄自己。其實，我們需要與困擾者設定一個合適的界限，讓困擾者明白他們的狀況如何影響其他人，例如：對於過分揮霍的困擾者，家人要清晰定出金錢上的界限，不能讓他們以為家人會替他們解決一切問題，而不用自己承擔後果。

界限的設立並不是為了改變困擾者的行為，而是保護自己不受困擾者的傷害。因此，如果困擾者喜歡發脾氣、罵身邊的人，我們不能因為接納他的情緒波動，而任由他們向自己叫罵、亂摔東西作為發洩，我們需要設定界限，保護自己身心靈的健康。有些家長太遷就孩子，孩子發脾氣時，父母便立即就範，當孩子愈長愈大，這個問題便愈嚴重，日後孩子可能會用武力傷害父母或其他人。因此，家長需要設立界限，保護自己及孩子的安全，告訴孩子，如果他不停止具傷害性的行為，他們就會報警求助以保護家人安全。

自我觀念「弱」的困擾者喜歡依賴，隨時隨地需要別人與他們傾談。關懷者也要學習跟這樣的困擾者設立合適的界限，讓他們知道哪些時段可以找自己傾訴，哪些情況下則不可以纏著不放。沒有清晰的界限，困擾者可能會慢慢要求更多傾談和陪伴的時間，「壞的我」關懷者容易因害怕傷害和拒絕他們，而未能定下界線，便會導致自己身心靈困倦。而「弱的我」關懷者卻因害怕背上被依賴的責任，不容易讓對方依賴自己。

關懷者與困擾者的關係模式之中，往往存在一個矛盾的現象：一方面又不接納他們的情緒與頹廢；另一方面又繼續縱容他們的行為對自己的負面影響。就如父母一方面埋怨孩子不慳儉、亂花錢，另一方面，當孩子向他們索求金錢時，父母雖不願意卻又繼續供給金錢，這表現令孩子也很困擾，不知道究竟為何投訴他們亂花錢時，又繼續支付費用。因此，與情緒困擾者相處時，要很清晰自己的限制，那些是自己可以接納的影響，那些是不能接受的，以致大家的關係不會混淆不清，不知道應感激關懷者的愛心縱容，還是討厭他們的埋怨和不接納。能夠設立清晰的界限和說「不」，並且接納對方的界線和「不」，是與困擾者相處之道。

9.3. 關懷者與困擾者的組合

關懷者可能會被吸引去關懷與自己不同類型的困擾者：「弱的我」關懷者傾向接觸「壞的我」困擾者，或「壞的我」關懷者傾向接觸「弱的我」困擾者。關懷與自己不同類型的人，可以是一個互相練習和彼此成長的機會。「弱的我」關懷者最難面對憤怒的情緒，而這是「壞的我」困擾者最擅長使用的情緒；「壞的我」困擾者最難面對悲傷的情緒，但這卻是「弱的我」關懷者的強項。因此，不同類型的關懷組合，可以是互相幫助或借鏡的好機會。「弱的我」困擾者從「壞的我」關懷者身上學習適當使用憤怒，以及如何定下界線來保護自己；而「壞的我」困擾者從「弱的我」關懷者身上學習接納悲傷的情緒，明白表達柔弱的情緒不一定招來傷害，反而得到別人的幫助和支持。

然而，不同類型的關懷組合也有其困難：關懷者不容易去明白困擾者的感受和想法，而且容易誤解對方和對方的行為。「弱的我」關懷者很難理解或明白「壞的我」困擾者內心的傷痛，因為他們所看到的，是困擾者那堅固的堡壘，而無法看到他們脆弱的一面，以為他們沒有甚麼悲傷的表現，所以不用安慰和支持。而當關懷者看到困擾者那莫名奇妙的憤怒，就會感到不知所措，不知如何面對。反之，當「壞的我」困擾者看見關懷者的柔弱，更加不敢表達自己脆弱的一面，也不信任關懷者有能力面對他們的悲傷情緒。

「壞的我」關懷者也難以明白「弱的我」困擾者持續的悲傷和無助，也不能認同困擾者內心的恐懼和掙扎。因此，他們容易認為對方是弱者、無能、需要幫助，導致容易對他們缺乏尊重，墮入操控式的關懷，未能看到對方柔弱背後堅強的一面。

也有一些情況是同類型的組合：「弱的我」關懷者與「弱的我」困擾者；「壞的我」關懷者與「壞的我」困擾者。正如上一章所描述「弱的我」關懷者遇到比他更「弱」的困擾者，便會轉變成為更強和更獨立；「壞的我」關懷者遇到比他更「壞的我」困擾者便會表現柔弱和遷就對方。如果「弱的我」關懷者發現自己比「弱的我」困擾者更弱，可能「弱的我」困擾者反而在彼此關係中變得更強和更獨立，可能「弱的我」關懷者變成受幫助的一方。

同類型的關懷組合也有它的優點和缺點。關懷同類型的人比較容易，對於對方的掙扎和想法較容易明白和掌握，也容易發揮同理心。然而，大家都有類似的困難和盲點，需要一起摸索去成長，如何突破自己的限制，「弱的我」關懷者看到「弱的我」困擾者被不公平對待而不敢反抗，會感到非常憤怒，可能會因困擾者未能為自己說話，而代困擾者去表達不滿或爭取公平。因此，在整個關懷歷程中，「弱的我」關懷者可能是最能得著幫助和改變動力的一位。但是對於困擾者來說，由於關懷者尚未有能力去包容他們的懦弱和恐懼，關懷者也不想勾發自己的恐懼和無助感受，因此，他們只能代困擾者表達不滿，而未能鼓勵他們自己去表達不滿，未能完全發揮同行者的角色。

當「壞的我」關懷者看到「壞的我」困擾者痛苦的一面，很想去關懷和安慰他們，然而，被「壞的我」困擾者拒諸於門外時，他們會感到被拒絕和傷害。他們很明白困擾者的痛苦，也很迫切想去幫助他們，不想他們繼續困於堅固的堡壘之內。但是，要去包容困擾者走出堡壘的掙扎和困難，對於「壞的我」關懷者是極大的挑戰，因為他們很難忍受那種不能做點事情去改變痛苦，只能接受痛苦狀況的痛苦，會容易引起「壞的我」關懷者的憤怒，導致挑戰困擾者的行為，因而令彼此在關懷的關係上受傷。

9.4. 真正的關懷

9.4.1. 了解需要

關懷的首要工作是明白對方的需要，關懷者容易常犯的錯誤是自以為知道對方需要甚麼，就按自己所認為的替對方安排，卻忘記問困擾者最想得到是甚麼。

> 小冰的表姊認為小冰很懶惰、不願付出，所以她不斷提醒小冰要像她一樣，多關心弟兄姊妹，不要計較，盡力幫助人。其實這是表姊令自己覺得自己有用的方法，於是希望小冰也學做她，但是她從不問小冰需要表姊如何關懷和幫助她，而小冰需要的是表姊明白和接納她的感受。

對於自我觀念「弱的我」與「壞的我」的困擾者，較難表達內心的需要，關懷者需要以開放接納的態度，營造一個安全的空間，令困擾者容易說出心裏話。

9.4.2. 明白感受

對於情緒困擾者來說，最首要的需要往往是得到別人的明白。因為過往不被明白和接納，才會採用防衛機制，造成情緒困擾，於是，被明白給他們帶來一種被醫治的感覺，彌補過往所得不到的需求。要明白另一個人，首要是能夠耐心聆聽，對別人所說東西的有一種好奇心，而不是判斷別人的想法是對或錯。一旦採用判斷的心態，便開始對別人的話產生反應，未能全心聆聽對方所說的內容。

情緒困擾者因過往曾經歷不被接納的時刻，往往不容易表達自己內心的真正感受，所以，聆聽者需要全神貫注，不只聽他們說話的內容，更要注意其聲調、語氣、態度及表情，並且其一致性，透過分析和理解，才容易掌握他們的言下之意。情緒困擾者也會測試對方的接收能力和接納程度，會按對方的反應，才慢慢表達深層的感受，當祖業發現對方沒被自己的憤怒嚇走，並且能夠明白和接納他的憤怒情緒，他才慢慢可以輕描淡寫地談及內心不被接納的痛苦。

9.4.3. 認同感受

所以，關懷者最首要和重要的任務就是認同情緒困擾者的感受，因為困擾者本身已經是一個不能接納自己情緒的人，所以才會有情緒困擾！因此，他們極度需要別人的認同及肯定，使他們明白每一個人都有情緒，而他們有情緒反應亦是正常，以致他們能夠比較放心地接納自己的感受。如果關懷者能夠感同身受地站在困擾者的位置，去分享對方的痛苦、悲哀或憤怒，是何等深切、傷痛及不平的話，這些體諒能夠直接安慰困擾者的心靈，使他們得到釋放。但是，一般人以為愈認同對方的感受，只會使對方的感受更加強烈和誇大，這個想法是不正確的。反之，愈不被接納的情緒，情緒的反應會愈強烈。

因此，一個好的客戶服務員面對顧客的憤怒時，盡量平息對方的憤怒的方法，就是要不斷地認同對方的感受，明白對方因此而起的不便和情緒困擾，當顧客聽到服務員能夠明白自己的心聲時，很奇妙地，這個顧客便頓然沒有如此的憤怒，反而會平息下來，平心靜氣地處理當時的問題；反之，如果只是叫對方不要激動，或用理性分析的方法去平息對方的憤怒，只是會令顧客更加憤怒。

父母處理孩子的憤怒情緒也是如此。盡量去明白和接納孩子的感受，可以幫助撫平他們的憤怒，但是接納孩子的感受，並不等於答允孩子所要求的一切事情。雖然孩子仍然會因父母不應允他們的要求而不高興，但是至少他們不滿的感受已獲得接納和明白，而不會令他們增加一個憤怒的回憶。儲存了愈多的憤怒回憶，容易使他們下次遇到類似的事件，憤怒的情緒愈加強烈。

當困擾者的情緒獲得認同及支持，隨即便會冷靜下來，平伏自己的心情，並開始思想應該如何面對這個問題。當困擾者進入這個狀況，便是和他們一起去討論商議對策的合適時機。關懷者往往會犯一個很大的錯誤，就是當對方仍然情緒高漲，心境未平伏時，就用理性去解決困擾者的情緒，這只會令效果不理想，惟有當困擾者情緒平伏之後，他們的理性才可以發揮作用，開始思量對策。

「弱的我」關懷者要注意自己對憤怒情緒難以認同；而「壞的我」關懷者卻怕接觸別人傷痛的情緒。

9.4.4. 給予意見和幫助

自我觀念「弱」的困擾者，極容易否定自己的想法，因此，他們很自然採用無助的心態，希望別人來拯救自己，解決自己的困難。愈是否定自己的人，需要的幫助不是再被否定，而是要被肯定。因此，關懷者不應去告訴困擾者要怎樣做，而是幫助困擾者去肯定自己的想法，這對於「壞的我」關懷者較為困難。其中的方法包括：邀請困擾者分享一些曾想過的解決方法，對他們的想法加以鼓勵，雖然關懷者未必認同他們的解決方法，但是我們必須承認困擾者的真正需要並不是建議，而是鼓勵和認同。

關懷者可以想像自己的角色是刺激素：鼓勵困擾者去面對困難，按他們的取向和需要去提供一些意見。最理想的情況，不是提供答案，而是去問一些問題，幫助困擾者自己去找到答案。這個方法所得到的效果是最理想的，一方面因為答案是困擾者自己找出來的，主導權在他自己身上，會增加他的自信；另一方面，學習了這個思考的過程，日後他面對類似的問題時，也可以懂得怎樣去自助。這過程就如教人釣魚，而不是給魚人吃。這個道理似乎簡單，但是實行卻並非容易，尤其對於「壞的我」關懷者，他們較有主見應該怎樣解決困難，對於「弱的我」困擾者的答案，未必認同，他們的否定容易導致困擾者繼續依賴別人的拯救。

自我觀念「壞的我」的困擾者，極不容易表達自己的困難和接受別人的幫助，因為他們怕經歷被拒絕或厭棄。因此，關懷者需要敏銳困擾者的感受，在給予意見和幫助的過程中，注意表達的形式，不要用教導、權威、批判、指責或說笑的口吻，這很容易被困擾者理解為恥笑或批評，會令他們立刻退縮，不敢再表達需要。以一個同行者的心態分享自己的掙扎和經歷，讓困擾者感受一個平等地位的對待，使他們感到安全，便容易開放自己的內心掙扎。

祖業最怕別人指出他的問題，雖然他身邊有些人非常關心他的人際關係問題，但是也不能直接向他指出，否則他會臉色一沉，大家也不敢再講下去。有一次祖業的好友見他最近心情不好，單獨約他出外飲酒，閒談中帶出一些自己正在掙扎的話題，祖業聽了有感而發，也分享了自己的一些經歷，好友見此良機，用易地而處的方法，感受祖業可能有的感受，嘗試去表達祖業心中無共鳴的孤單、信靠人的困難、擔心別人批評的眼光和對自己掙扎的無奈。對方的話使祖業心中感到安慰和明白，也破天荒地分享了一些從未對人講過的經歷。當晚的分享使彼此的友情進深了一步。

9.5. 認同困擾者情緒的難處

同理心——能夠去明白對方的感受，而且用語言表達出來，是極其重要的元素。它給予人一種被明白和接納的感受，也是促進關係進深，令對方願意開放自己，更多表達內心的世界。這是心理治療的一個重要元素，也是通往接觸深層潛意識的基要途徑。嘗試將自己放入別人的處境，易地而處，去明白別人的感受……給予別人同理心似乎是一個簡單的道理，但是實踐出來卻不是容易，其中要求我們容納別人異樣的想法、越軌的行為、錯誤的抉擇、不同的價值觀和緩慢的進度。

9.5.1. 異樣的想法

每一個人有不同的邏輯思想，正如本書第八章提到很多負面、有摧毀性的思想是源自於過往的經歷所組成的。雖然這些想法未必正確，但是當事人對此卻深信不移。無論何等異樣的想法，都有其背後的原因和緣由，都需要被明白和接受。很多人往往從未了解別人的想法背後的原因，就會嘗試去改變或糾正對方的錯誤思想，而導致受助者再次感到不被明白和接納，於是對於任何的建議或更正，都會產生反感和抗拒，不願意繼續溝通。

建安生長在一個基督教的家庭，父母都很關心他。父親尤其想幫他，但是他很不願意與父親討論自己的事。父親感覺無論自己說甚麼，兒子也不接受。建安卻投訴父親太理性，根本不明白他

> 的感受。每次當他想和父親談話時，總覺得很忟憎，父親就像一個牛皮燈籠，說來說去仍然不能明白建安，最後仍是堅持己見。最後，建安覺得不願意再與父親分享他的想法，也不願意和他一起查看聖經。

建安的父親認為建安的思想奇怪，很擔心他會過分極端，於是很想糾正他的想法。當他愈是要改正兒子的想法，建安愈感到反感，甚至不願意再溝通。很多父母與青少年溝通時都犯了這個通病，以致青少年不告訴父母任何關於自己的事，免得父母囉嗦。

9.5.2. 越軌的行為

作為父母，往往對兒女有些期望，因為不滿兒女的某些行為，而導致未能客觀去理解兒女的心情和需要，往往造成兒女的誤解。

> 建安陪母親一同上深圳消閒，他知道母親喜歡到深圳買水貨，然而自己卻不能接受這些犯法的行為，所以跟母親說好了，一起在深圳食飯逛街，若他知道她又去買水貨的話，便會立即離開。可是，母親受不了水貨那便宜的價錢的吸引，趁建安結帳時，偷偷去餐廳旁的店鋪挑選水貨手袋，建安發現了便二話不說，留下母親一人在深圳，自己獨自回家。回家後，父親知道了建安留下母親一人，恐怕妻子回家後發脾氣，於是先向建安指出他的不是，叫他當母親回家後向她道歉。但

是，建安卻覺得父親不明白他的感受和離開深圳的原因，不願意跟從父親的意見。

建安的父親的其中一個困難，就是不能接受建安留下母親一人在深圳，而判斷建安的行為是錯的。建安的父親不明白兒子的道德觀念很重，認為買水貨是犯法的事情，不想沾污自己，恐怕這個罪也會沾上自己身上，因此需要急急離開，就算留下母親一個人在深圳也在所不計，並且他在事前便已知會母親不要買水貨，否則後果如何。對於建安來説，買水貨的罪遠比拋下母親更為嚴重，所以他才有此表現。如果父親了解兒子行為背後的原因，就能夠容易接納兒子的行為。

9.5.3. 錯誤的抉擇

當困擾者做了一些關懷者認為是錯誤的抉擇，而要關懷者去認同對方的感受時，這的確會非常困難，因為關懷者很自然認為對方是自招痛苦。要接納別人作出一個錯誤的抉擇並不容易，尤其如果對方與自己的關係親密，便會不自覺地埋怨對方。父母對兒女所犯的錯誤尤其如此，因為兒女的錯會影響他們的形像和間接形成自己的責任，而且引致困擾者抑鬱、悲憤或傷痛的情緒，因而完全無法體會對方抉擇背後的感受和原因。有些人非常黑白分明，對錯誤包容度低，並且認為錯的人不應得到同情，皆因是他們咎由自取，於是無法去感受對方錯誤抉擇背後的原因和掙扎。明輝的婚外情導致他產生情緒困擾，但是他不敢告訴朋友和家人，因為他深信別人不會接納他的錯誤抉擇，更不會明白他內心那種痛苦

——他很需要女性對他溫柔體貼，使他可以表現真正的自我，無奈他也不認為應該要求太太改變性格，他深深明白不能表現自我的痛苦，所以也不想將這痛苦加諸於太太身上。這種背後的掙扎不容易被其他人明白，因為一般人經已認為他的痛苦是因為他作出婚外情的錯誤抉擇所致，而不是因為他的痛苦而導致婚外情。對於抉擇的對與錯，抉擇者是很清楚的，關懷者並不需要再跟抉擇者講道理，指出錯處，理性層面的分析對抉擇者的幫助不大，去了解錯誤抉擇背後的原因和掙扎，反而能夠認同抉擇者痛苦的感受更為重要。

9.5.4. 不認同的價值觀

在關懷困擾者的歷程中，經常遇到關懷者不認同困擾者行為背後的價值觀，而導致未能認同對方的感受。

有一類關懷者，他們面對小冰因表姊的話有情緒困擾的問題時，他們會為小冰感到不值，會勸喻小冰誠實告訴表姊，反映表姊不該將她個人的傾向(無私地幫助人)加諸於小冰身上，經常指責小冰自我中心。小冰雖然明白箇中道理，但是，要與表姊對質的想法令小冰恐懼，不敢向前。經過數次的勸喻後，關懷者開始對小冰的猶豫和恐懼感到不耐煩，認為小冰的抑鬱是自己造成的，開始難於認同小冰的感受，對小冰的懦弱感到無奈。

另一類的關懷者會不認同小冰大膽指出父親過往的不是，認為這是不孝順、缺乏愛心和不肯以基督的愛去寬恕父親過往的傷害，於是難於明白小冰對父親的憤怒情緒，令小冰有時又會責怪自己，為自己不願意寬恕父親而感到哀傷。

由此觀之，關懷困擾者的過程，容易因不認同的價值觀而造成未能認同對方的情緒。

9.5.5. 緩慢或缺乏的進展

「壞的我」關懷者極容易因為困擾者所面對的痛苦，而很想拯救或幫助困擾者儘快解決痛苦。其中也可能因為在關懷別人的過程中，「壞的我」關懷者的痛苦感受被勾起，造成自己也感到非常痛苦，所以很想用快速的方法去終止痛苦。可是，對於困擾者來說，要作出改變可能比現時的痛苦更難以忍受，所以，即使關懷者的建議是正確和有理據的，但困擾者可能仍然未有足夠的勇氣去面對。關懷者的堅持會令困擾者感到受壓，因而會表現抗拒關懷者的意見，最後造成關懷者與困擾者的關係緊張，令關懷者感到自己的好意不被接受和欣賞，非常挫敗，於是容易放棄關懷。而另一方面，困擾者也會感到內疚，覺得自己又傷害關心自己的人，於是更加自責，也可能更放棄自己，更加深了自己是一無是處的消極想法。

「弱的我」關懷者也容易對緩慢的進展感到氣餒，勾起無助無望的感受，也可能怪責自己無能力，令自己也陷入抑鬱的情緒中，難於繼續關懷的歷程，傾向在關係中抽離。

9.6. 關懷者要具備的條件

關懷情緒困擾的人並非一件容易的事，前面已經提出其中的困難。因此，有一個正確心態，對於關懷的效果有極重要的影響。一般的關懷者抱著一個幫助人的心態，並未有足夠的心理準備，面對關懷的過程可能帶來自己內心的震盪、價值觀的重整、灰色地帶的糾纏和矛盾掙扎的痛苦。然而，這也可以是關懷者的生命成長歷程和被神醫治的機會。

關懷者的角色就如一個同行者，陪伴困擾者走一段人生的痛苦路程，與困擾者分擔他們的憂怒哀樂，一同面對他們的痛苦和失敗，支持和鼓勵他們行過死蔭的幽谷，分享他們努力的成果。這可以是一幅美麗的圖畫，但是同行者未必可以即時見證困擾者的改變，有時可能因為時空、環境的限制，在未完成痛苦的旅程之際，已經由另一個同行者接捧，完成下一段的路程，或者困擾者決定暫停或不繼續。一般關懷者容易有的錯誤觀念，以為困擾者的情緒困擾仍未改變，便容易灰心，覺得自己所付出的都是白費，開始想放棄！最需要掌握的概念是：關懷者的成功不在乎困擾者是否脫離痛苦或改變現狀，而是困擾者是否感受到同行的支援、明白和接納。

9.6.1. 純正的動機

關懷者需要清晰自己的關懷動機：有些人經常以拯救者自居，很需要幫助人脫離痛苦，因此很熱心向人傳福音，用盡不同方法去解決困擾者的痛苦。其實背後可能反映了他很難面對痛苦的感受，所以很需要減除身邊人的痛苦，以致自己的痛苦感受不會被勾起。與此同時，他的潛意識也想藉別人化解痛苦的過程，間接幫助化解自己的痛苦。這是一個較深的心理現象：當我們見證別人如何解決一個自己也有的困難時，心中會有舒緩的感受，感到這個困難不再如此困難；反之，這類關懷者如果不能化解困擾者的痛苦，他們會漸漸避開困擾者。

也有一類人是因著自己的角色和職位去關懷的，例如牧者、組長、主席等。關懷有時會變成一個責任，而不是出於自發，面對一些自己不甚喜歡的人，關懷的工作便變成苦差。另一類是很需要被需要的人，他們透過別人需要自己的關懷而獲得一種安全感，因為困擾者需要自己，所以自己便不容易被遺棄，他們關懷的動機不只是幫助困擾者，而也是讓自己感到被需要的滿足。當動機不純正時，容易導致關懷歷程上的困難：當困擾者開始感到穩定和得到支持後，想比較獨立，不需要時常倚賴關懷者或有自己的想法，不想跟從關懷者的意見，關懷者開始會感到不安全。對方不再如以往般需要自己，令關懷者產生被遺棄的恐懼，他可能會想辦法去控制困擾者，不鼓勵他們進步和獨立，希望保持一種倚賴的關係。這種情況不但令困擾者感受不被接納，反因關係而帶來更多的傷害，不敢再信任關懷的人。因此，如果動機並不純正，便很難做到真正的關懷。關顧者需要誠實表示自己的限制，以致不會誤導困擾者，令他們有錯誤的期望，而造成關係上的傷害。

9.6.2. 能夠誠實面對自己被勾起的情緒

在同行的過程中，關懷者因著困擾者的憂與悲，自己的情緒也很容易被勾起，例如：面對困擾者童年被性侵犯的經歷，可能令關懷者勾起童年曾被非禮的經歷；面對喜歡堅固圍牆、自我觀念「壞」的人，關懷者容易被勾起被拒絕、不被接納的感受；面對不敢表達自己需要的人，可能令關懷者忟憎，不知該如何給予幫助；面對經常陷入無助絕望景況的人，關懷者最後也感無奈和無助。

關懷者被勾起的情緒，往往與自己過往的經歷有關，就如本書前部分提及的情緒記憶路線，大腦把類似的經歷儲存在同一條情緒記憶路線（見本書頁26），因此，被勾起的情緒愈強烈，關懷者愈需要有面對的能力，不然就會埋怨困擾者導致自己情緒波動，而不為意真正的問題仍是自己過往的某些經歷。因此，關懷者可能要處理自己未有預計的情緒波動，並作好的心理準備，如果能夠看它為個人成長的機會，可能令整個關懷的過程發揮互相得益、彼此支持的美好果效。

9.6.3. 接納自己的限制

能夠互助互益是一幅美好的圖畫，但是如果關懷者過往有一些痛苦太深的經歷，未能夠面對的話，可能需要誠實讓困擾者明白自己的限制，以致困擾者不會以為是自己的問題連累關懷者，導致內疚或自責。關懷者要清楚了解自己，有哪些未能化解的心結和未必能夠面對哪種類型的關係。因此，在考慮關懷某一位困擾者時，要考慮自己的限制，是否合適擔起這責任，不然，不但未能幫助對方，反而造成對彼此的傷害。

9.6.4. 觀念上的重整

生命中有很多灰色地帶，困擾者往往處於矛盾和掙扎中，在同行的歷程中，這會為一些黑白分明的關懷者帶來心靈的痛苦，也可能構成心靈的震盪，發現黑中有白、白中有黑。面對自己以往不能接納的事，例如：婚外情、同性戀、沉溺、面對家人過往的傷害、與家人的界限等，關懷者可能發現其中的無奈和掙扎，因而引起內心矛盾。這個歷程的痛苦，會因為每一次面對困擾者的無奈和掙扎的感受而又再浮現，要關懷者與困擾者一同面對。

9.6.5. 對人的尊重

在中國人的文化裏，尊重的概念源自倫理關係的架構，尊重是由下向上的，對於輩份高的，例如：兄長、父母、祖父母及老師等需要尊重，但是對於平輩或對下輩，卻並不強調尊重的概念。然而，在西方文化之中，尊重乃源於基督教的教義，提倡人人平等、彼此尊重，不論關係、輩份或身分，尊重是人際關係核心的概念。神給予人自由意志去選擇，神將尊重的概念實踐在與人的關係，但是當人犯罪以後，彼此的關係便從尊重變成管轄(創三16)。

在我們的成長經歷中，因為被尊重的經歷不多，所以不明白如何尊重別人。尤其當我們處於幫助人的角色之時，很自然便假設對方有問題，所以自己以一種高人一等的心態去教導或幫助困擾者，這樣會形成對困擾者缺乏尊重；與此同時，面對較具侵略性的困擾者對自己作出缺乏尊重的行為時，卻只會默然接受，缺乏不被尊重的意識。

尊重的過程包括接納自己和別人的界限，與困擾者相處(尤其是自我觀念「壞」的人，他們在關係上的界限太堅固，內心的圍牆太鞏固，關心他們的人往往被他們拒於千里之外)，關懷者的心態要非常正確，不是要去改變困擾者、要他們接受自己的意見，而是與他們同行，這是他們的生命路程，由他們自己掌管，關懷者只是同行的角色而已。

尊重是整個關懷的核心概念，如果能夠完全掌握和應用，會給予困擾者心靈很大的醫治和幫助：尊重會視困擾者為獨立個體，需要明白和了解他們的感受，接納他們與自己不同，學習去尊重他們的需要和決定，支持他們而不是改變他們。尊重帶來人與人之間清晰的界線，不會造成倚賴或控制的關係，要對自己的生命和決定承擔後果，減少被傷害的經歷，建立互助互益的關係。

9.6.6. 建立支持網絡

關懷的過程不只是對困擾者的付出和支持，也會涉及自己心靈的掙扎和概念的重整。因此，關懷者也需要建立自己的支持網絡，有自己的同行者去明白自己的掙扎和痛苦。單人匹馬的關懷者是潛藏著危機性的，因為容易將自己與困擾者的關係成為滿足自己的心靈需要，而不是單純一個同行者的角色。這容易導致不健康的互相依附關係，使困擾者繼續倚賴自己，令自己繼續享受被需要的關係。因此，能夠有其他支持自己的網絡是很重要的，當困擾者減低倚賴時，自己也不會感到過度失落，也可以保持健康的界線，不是將自己所有時間用去關懷困擾者，也要注意自己內心的需要：被朋友關懷和被支持，而不是期望從困擾者身上去得到。

9.6.7. 禱告與信心

最後，關懷的過程也是一場屬靈的爭戰，不能只憑人的血氣和能力，禱告的力量是不可少的。同行的歷程並不容易，也不能預知歷程會有多久，可以長達數年或為時更久，其中需要關懷者靠著信心堅持下去，也需要了解情緒的困擾，不一定全部是心理的問題，因為未處理的心靈創傷，也可以成為撒但攻擊的渠道，所以，聖經教導我們「生氣卻不要犯罪；不可含怒到日落；也不可給魔鬼留地步」(弗四26～27)。因此，未能及時處理自己的情緒，便會形成一個危機，那就是在生命中留下一個缺口，容易因此而受攻擊。所以，屬靈的儆醒和禱告是非常重要，分辨那些困擾是源自於靈界的攻擊，需要靠禱告得勝；那些是心理因素，需要面對和醫治。最後在此祝福每一位的同行者所願意付出的時間和愛心，無論結果如何，你們所付出的是不會白費的！

成長練習

以下的練習可以單獨反思或用作小組討論之用。

練習一

1.1. 回想你曾被人關懷的經歷，其中你覺得最得到幫助的是甚麼？

(1) ______________________________

(2) ______________________________

(3) ______________________________

(4) ______________________________

1.2. 其中你覺得最得不到幫助或受傷害的是甚麼？

(1) ______________________________

(2) ______________________________

(3) ______________________________

(4) ______________________________

1.3. 請你去詢問一些曾被你關懷的人，他們認為最得到幫助的是甚麼？

(1) ______________________________

(2) ______________________________

(3) ______________________________

(4) ______________________________

1.4. 他們認為最得不到幫助或受傷害的是甚麼？

(1) ______________________________

(2) ______________________________

(3) ______________________________

(4) ______________________________

練習二

2.1. 你認為與情緒困擾者相處，最困難的地方是甚麼？

(1) ______________________________

(2) ______________________________

(3) ______________________________

(4) ______________________________

2.2. 藉禱告將你感到困難的地方告訴神，尋問這些的困難是否正是你個人需要成長之處。

(1) ______________________________

(2) ______________________________

(3) ______________________________

(4) ______________________________

2.3. 你如何理解這些困難的成因？這些困難是否也有在你生活的其他場景中出現？是否對著某類型的人才會有這些困難？你是否願意面對或是否有能力面對？請將你的需要告訴神。

____

____

____

練習三

3.1. 對於「真正的關懷」，你有何看法？你是否同意本書的論點？這些觀念對你有甚麼的啟發或影響？

____

____

____

3.2. 在真正的關懷中，以下哪些部分是你已經做到的？哪些部分尚需努力？

(1) 了解需要：______________________

(2) 明白感受：______________________

(3) 認同感受：______________________

(4) 給予意見和幫助：________________

3.3. 你又是否曾被如此關懷？其中的感受如何？如果你未經歷過，可以向神求給予你真正被關懷的經歷。

____

____

練習四

4.1. 你的同理心有多少？面對以下的情況，你會有多少明白和接納？（10分代表非常明白和接納，1分代表很不能明白和接納）

(1) 異常的想法：____________分

(2) 越軌的行為：____________分

(3) 錯誤的抉擇：____________分

(4) 不認同的價值觀：____________分

(5) 緩慢或缺乏進展：____________分

4.2. 為何你對不同的情況有不同程度的接納？為甚麼你對某些情況的接納度比較低？

____

____

4.3. 你希望自己在同理心方面有哪些改進？上述那些你所不能接納的範疇，在你不能接納別人如此之餘，你是否也不能接納自己如此？

____

____

練習五

5.1. 請反省自己關懷別人的動機和期望。

____

____

5.2. 在關懷別人時，自己的情緒可能會被勾起，你有沒有作好這樣的準備？哪些情緒是你特別難以面對的？

____

____

5.3. 在關懷別人一事上，你知道自己有哪些限制嗎？

____

____

5.4. 你是否黑白分明的人？你對不同觀念的開放程度有多少？

____

____

5.5. 哪些觀念是你不能接納的？為甚麼？

____

____

5.6. 在你的成長中，你是否經歷被尊重？如果你有經歷被尊重，其中的感受如何？

____

____

5.7. 你是否敏銳於不被尊重的意識？你是否沒所謂的人？別人是否尊重你，並不是你最介懷的事？如果是的話，那你是不是不尊重別人？你過往有沒有不被尊重的經歷？

____

____

練習六

6.1. 你是否有從神而來的感動去關懷身邊有情緒困擾的人？

____

____

6.2. 請寫下你的支持網絡裏現有甚麼成員：

(1) ______________________________

(2) ______________________________

(3) ______________________________

(4) ______________________________

6.3. 你可以求神賜你一個支持網絡。請寫下你的禱文。

____

6.4. 有沒有特定的人為你的關懷事工禱告？

6.5. 你的禱告生活如何？你是否凡事都先尋問神的心意？

6.6. 你知道如何分辨靈界的困擾或心理因素而產生的情緒困擾嗎？

各章註釋

第1章

1. James I. Packer 於 2005 年 7 月 1 日的私人信件。
2. American Psychiatric Association, *Diagnostic and Statistical Manual of Mental Disorder*, 4th Edition (Washington, DC: American Psychiatric Association, 1994) .
3. *The Encyclopedia Britannica* (1955)。轉引自 James Hillman, *Emotion: A Comprehensive Phnomendogy of Theories and Their Meaning for Therapy* (Evanston, IL: Northwestern University Press, 1960), 5 .
4. James Drever, *A Dictionary of Psychology* (Middlesex: Penguin Books, 1952), 80 ~ 81.
5. Leslie Greenberg, Laura Rice, and Robert Elliott, *Facilitating Emotional Change: The Moment-by-moment Process* (New York: Guilford Press, 1993).
6. Verena Kast, *Joy, Inspiration, and Hope* (New York: Fromm International Publishing Cooperation, 1991).
7. Greenberg, Rice, and Elliott, *Facilitating Emotional Change.*
8. William James, "What is Emotion?" ，轉引自夏雅博：《解開情緒之謎》，第四版（香港：浸會出版社，2002）。
9. Paul Ekman and Wallace Friesen, *Unmasking the Face* (Englewood Cliffs, NJ: Prentice Hall, 1975).
10. K. M. B. Bridges, "Emotional Development in Early Infancy" ，轉引自黃成志、王淑芬：《幼兒的發展與輔導》（台北：揚智文化，1995；重印版 1999）。
11. Jaak Pankseppak, "The Psychobiology of Emotions: The Animal Side of Human Feelings", *Experimental Brain Research* 18 (1989): 31 ~ 55.
12. Dick Mohline and Jane Mohline, *Emotional Wholeness: Connecting with the Emotion of Jesus* (Shippensburg, PA: Treasure House, 1997).

第2章

1. Leslie Greenberg, *Emotion-focused Therapy: Coaching Clients to Work*

Through Their Feelings (Washington, DC: American Psychological Association, 2001).

2. Daniel Stern, *The Interpersonal World of the Infant: A View from Psychoanalysis and Developmental Psychology* (New York: Basic Book, 1985).
3. Daniel Goleman, *Emotional Intelligence* (New York: Bantam Books, 1995).
4. Joseph LeDoux, *The Emotional Brain: The Mysterious Underpinnings of Emotional Life* (New York: Simon & Schuster, 1996).
5. Greenberg, Rice, and Elliott, *Facilitating Emotional Change*, 54.
6. P. H. Blaney, "Affect and Memory", *Psychological Bulletin* 99 (1986): 229 ~ 246.

第3章

1. Greenberg, *Emotion-focused Therapy.*
2. 見於 2005 年 5 月 Leslie Greenberg 在香港主領一個名為 "Transforming Emotions-Creating Connections in Individuals, Couples, and Families" 的工作坊。

第4章

1. Greenberg, Rice, and Elliott, *Facilitating Emotional Change.*
2. J. E. LeDoux, "Cognitive-emotional Interactions in the Brain", *Cognition and Emotion* 3 (1989): 267 ~ 289.
3. Greenberg, Rice, and Elliott, *Facilitating Emotional Change.*
4. Greenberg, Rice, and Elliott, *Facilitating Emotional Change.*
5. Antonio Damasio, *The Feeling of What Happens: Body and Emotion in the Making of Consciousness* (New York: Harcourt Brace, 1999).
6. Eugene Gendlin, *Focusing,* 2nd ed. (New York: Bantam Books, 1981).
7. Daniel Stern, *The Interpersonal World of the Infant: A View from Psychoanalysis and Developmental Psychology* (New York: Basic Book, 1985); J. Pascual-Leone, "Emotions, Development, and Psychotherapy: A Dialectical-constructivist Perspective", in *Emotion, Psychotherapy, and Change,* eds. Jeremy Safran and Leslie Greenberg (New York: Guilford, 1991), 302 ~ 335.
8. Michael Lewis, "Self-knowledge and Social Development in Early Life"，轉引自 Greenberg, Rice and Elliott, *Facilitating Emotional Change,* 53.
9. Greenberg, Rice, and Elliott, *Facilitating Emotional Change.*

10. Daniel Kahneman, Paul Slovic, and Amos Tversky, *Judgment under Uncertainty: Heuristics and Biases* (Cambridge: Cambridge University Press, 1982).

11. Keith Oatley, *Best Laid Schemes: The Psychology of Emotions* (New York: Cambridge University Press, 1992).

12. Greenberg, Rice, and Elliott, *Facilitating Emotional Change*, 54.

13. Greenberg, Rice, and Elliott, *Facilitating Emotional Change*, 54.

第5章

1. Paul Ekman and Wallace Friesen, *Unmasking the Face* (Englewood Cliffs, NJ: Prentice Hall, 1975).

2. Philip Shaver et al, "Emotion Knowledge: Further exploration of a prototype approach", *Journal of Personality and Social Psychology* 52 (1987): 1061 ~ 1086.

3. Greenberg, Rice, and Elliott, *Facilitating Emotional Change*.

4. Teresa of Avila, "The Interior Castle", in *Collected Works of St. Teresa of Avila*, vol. 2, trans. Kieran Kavanaugh and Otilio Rodwiguez (Washington, DC: Institute of Carmelite Studies Publications, 1980), 291 ~ 292.

5. Gordon Smith, *Listening to God in Time of Choices* (Downers Grove, Il: InterVarsity Press, 1997).

6. Thomas Merton, *Spiritual Direction and Meditation* (Collegeville, Minn: Liturgical Press, 1960), 35 ~ 38.

7. Aiden W. Tozer, "How the Lord Leads", *The Alliance Weekly* 92 (January 1952): 2.

第6章

1. Sandra Paivio and Leslie Greenberg, "Introduction to Special Issue on Treating Emotion Regulation Problems in Psychotherapy", *In-Session* 57 (2001), 153 ~ 156.

2. Damasio, *The Feeling of What Happens*.

3. Arthur Bohart, "Role Playing and Interpersonal Conflict Reduction", *Journal of Counseling Psychology* 24 (1977): 15 ~ 24.

4. James Pennebaker, *Opening Up: The Healing Power of Confiding in Others* (New York: Morrow, 1990).

第7章

1. Marsha Linehan, *Cognitive-behavioral Treatment of Borderline Personality Disorder* (New York: Guilford Press, 1993).

第8章

1. Greenberg, *Emotion-focused Therapy.*
2. Leslie Greenberg and Sandra Paivio, *Working with the Emotions in Psychotherapy* (New York: Gilford Press, 1997).
3. W. Whelton and Leslie Greenberg, "The Self as a Singular Multiplicity: A Process Experiential Perspective", *Self-relations in the Psychotherapy Process*, Muran Christopher ed. (Washington, DC: American Psychological Association, 2000), 87 ~ 106.
4. Leanne Payne, *Restoring the Christian Soul: Overcoming Barriers to Completion in Christ through Healing Prayer* (MI: Baker Books, 1991).
5. Stern, *The Interpersonal World of the Infant.*
6. A. Stanton et al, "Emotionally Expressive Coping Predicts Psychological and Physical Adjustment to Breast Cancer", *Journal of Consulting and Clinical Psychology*, vol. 68 no.5 (2000), 875 ~ 882.
7. Whelton and Greenberg, "The Self as a Singular Multiplicity", 33.

參考書目

書籍

American Psychiatric Association. *Diagnostic and Statistical Manual of Mental Disorder*. Fourth Edition. Washington, DC: American Psychiatric Association, 1994.

Arnold, M. B. *Emotion and Personality*. Vols. 1 ~ 2. New York: Columbia University Press, 1960.

Backus, William, and Marie Chapian. *Telling Yourself the Truth*. Minneapolis, MN: Bethany House Publishers, 1980.

Crabb, Larry. *Inside Out*. Colorado Springs, CO: Navpress, 1988.

Damasio, Antonio. *The Feeling of What Happens: Body and Emotion in the Making of Consciousness*. New York: Harcourt Brace, 1999.

Drever, James. *A Dictionary of Psychology*. Middlesex: Penguin Books, 1952.

Ekman, Paul, and Wallace Friesen. *Unmasking the Face*. Englewood Cliffs, NJ: Prentice Hall, 1975.

Gendlin, Eugene. *Focusing*. 2nd ed. New York: Bantam Books, 1981.

Goleman, Daniel. *Emotional Intelligence*. New York: Bantam Books, 1995.

Greenberg, Leslie S. *Emotion-focused Therapy: Coaching Clients to Work through Their Feelings*. Washington, DC: American Psychological Association, 2001.

Greenberg, Leslie S., and Sandra Paivio. *Working with the Emotions in Psychotherapy*. New York: Gilford Press, 1997.

Greenberg, Leslie S., Laura Rice, and Robert Elliott. *Facilitating Emotional Change: The Moment-by-moment Process*. New York: Guilford Press, 1993.

Hillman, James. *Emotion: A Comprehensive Phenomenology of Theories and Their Meaning for Therapy*. Evanston, IL: Northwestern University Press, 1960.

Kahneman, Daniel, Paul Slovic, and Amos Tversky. *Judgment under Uncertainty: Heuristics and Biases*. Cambridge: Cambridge University Press, 1982.

Kast, Verena. *Joy, Inspiration, and Hope*. New York: Fromm International

Publishing Cooperation, 1991.

LeDoux, Joseph. *The Emotional Brain: The Mysterious Underpinnings of Emotional Life*. New York: Simon & Schuster, 1996.

Linehan, Marsha. *Cognitive-behavioral Treatment of Borderline Personality Disorder*. New York: Guilford Press, 1993.

Linn, Dennis, and Matthew Linn. *Healing Life's Hurts: Healing Memories through the Five Stages of Forgiveness*. New York: Paulist Press, 1978.

Merton, Thomas. *Spiritual Direction and Meditation*. Collegeville, MN: Liturgical Press, 1960.

Mohline, Dick, and Jane Mohline. *Emotional Wholeness: Connecting with the Emotion of Jesus*. Shippensburg, PA: Treasure House, 1997.

Oatley, Keith. *Best Laid Schemes: The Psychology of Emotions*. New York: Cambridge University Press, 1992.

Payne, Leanne. *Restoring the Christian Soul: Overcoming Barriers to Completion in Christ through Healing Prayer*. Grand Rapids, MI: Baker Books, 1991.

Pennebaker, James. *Opening Up: The Healing Power of Confiding in Others*. New York: Morrow, 1990.

Powell, John Joseph. *Happiness is an Inside Job*. Valencia, CA: Tabor Publishing, 1989.

Seamands, David A. *Healing for Damaged Emotions*. Wheaton, IL: Victor Books, 1981.

Smith, Gordon. *Listening to God in Time of Choices*. Downers Grove, IL: InterVarsity Press, 1997.

Stern, Daniel. *The Interpersonal World of the Infant: A View from Psychoanalysis and Developmental Psychology*. New York: Basic Book, 1985.

Teresa of Avila. *Collected Works of St. Teresa of Avila*. Translated by Kieran Kavanaugh and Otilio Rodwiguez. Washington, DC: Institute of Carmelite Studies Publications, 1980.

Van Kaam, Adrian L. *Spirituality and the Gentle Life*. Denville, NJ: Dimension Books, 1974.

Whitehead, James D., and Evelyn Eaton Whitehead. *Shadows of the Heart: A Spirituality of the Painful Emotions*. New York: Crossroad, 2000.

大衛・奧斯堡格：《在愛裏說實話——如何瞭解並表達你對他人最真切的感受》。道聲編譯小組譯。香港：道聲，1999。

包約翰：《為甚麼我不敢告訴你我是誰？》。崔菱譯。台北：道聲出版社，1975。

亨利·克勞德、約翰·湯森德：《過猶不及——如何建立你的心理界線》。蔡岱安譯。El Monte, CA：台福傳播中心，2001。

夏雅博：《解開情緒之謎》。曾彩霞譯。香港：浸信會出版社，2002。

黃成志、王淑芬：《幼兒的發展與輔導》。台北：揚智文化，1995；重印版 1999。

蕭宏展：《躍出深淵——抑鬱症的成因與治療》。香港：突破出版社，2000。

羅哲·貝克：《不再驚恐——認識驚恐症的成因及防治方法》。己默譯。香港：突破出版社，2004。

專文

Blaney, P. H. “Affect and Memory”. *Psychological Bulletin* 99 (1986): 229 ~ 246.

Bohart, Arthur. “Role Playing and Interpersonal Conflict Reduction”. *Journal of Counseling Psychology* 24 (1977): 15 ~ 24.

Bridges, K. M. B. “Emotional development in early infancy”. *Child Development* 3 (1932): 324 ~ 341.

Frigda, N. H. “Emotions, Cognitive Structure and Action Tendency”. *Cognition and Emotion* 1 (1987): 115 ~ 144.

Lazarus, R. S. “Cognition and Motivation in Emotion”. *American Psychologist* 46 (1991): 352 ~ 367.

LeDoux, J. E. “Cognitive-emotional Interactions in the Brain”. *Cognition and Emotion* 3 (1989): 267 ~ 289.

Lewis, Michael.“Self-knowledge and Social Development in Early Life”. In *Handbook of Personality: Theory and Research.*

Paivio, Sandra, and Leslie Greenberg. “Introduction to Special Issue on Treating Emotion Regulation Problems in Psychotherapy”. *In-Session*, 57 (2001): 153 ~ 156.

Panksepp, Jaak. “The Psychobiology of Emotions: The Animal Side of Human Feelings”. *Experimental Brain Research* 18 (1989): 31 ~ 55.

Pascual-Leone, J. “Emotions, Development, and Psychotherapy: A Dialectical-constructivist Perspective”. In *Emotion, psychotherapy, and Change*, 302 ~ 335. Edited by Jeremy Safran and Leslie Greenberg. New York:

Guilford, 1991.

Shaver, Philip, J. Schwartz, D. Kirson, and C. O'Connor. "Emotion Knowledge: Further Exploration of a Prototype Approach". *Journal of Personality and Social Psychology* 52 (1987): 1061 ~ 1086.

Stanton, A., S. Danoff-Burg, R. Twillman, C. Cameron, M. Bishop, and S. Collins. "Emotionally Expressive Coping Predicts Psychological and Physical Adjustment to Breast Cancer". *Journal of Consulting and Clinical Psychology*, vol. 68, no. 5 (2000): 875 ~ 882.

Tozer, Aiden W. "How the Lord Leads". *The Alliance Weekly* 92 (January 1957): 2.

Whelton, W., and Leslie Greenberg. "The Self as a Singular Multiplicity: A Process Experiential Perspective". *Self-relations in the Psychotherapy Process*, 87 ~ 106. Edited by C. J. Muran. Washington, DC: American Psychological Association, 2000.

其他材料

Greenberg, Leslie S. May 2005 Workshop "Transforming Emotions-Creating Connections in Individuals, Couples, and Families" in Hong Kong.

Packer, James I. 2005 年 7 月 1 日的私人信件。

附錄一：麗莎的圖畫

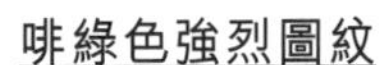

附錄二：情緒圖像表

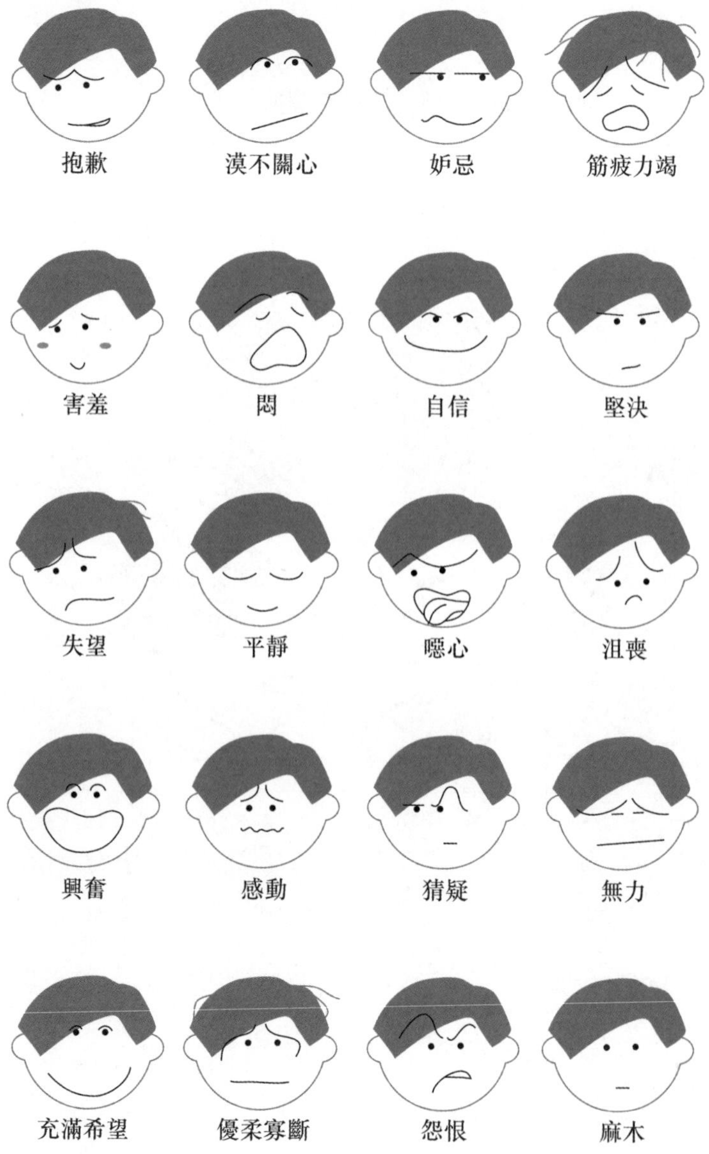

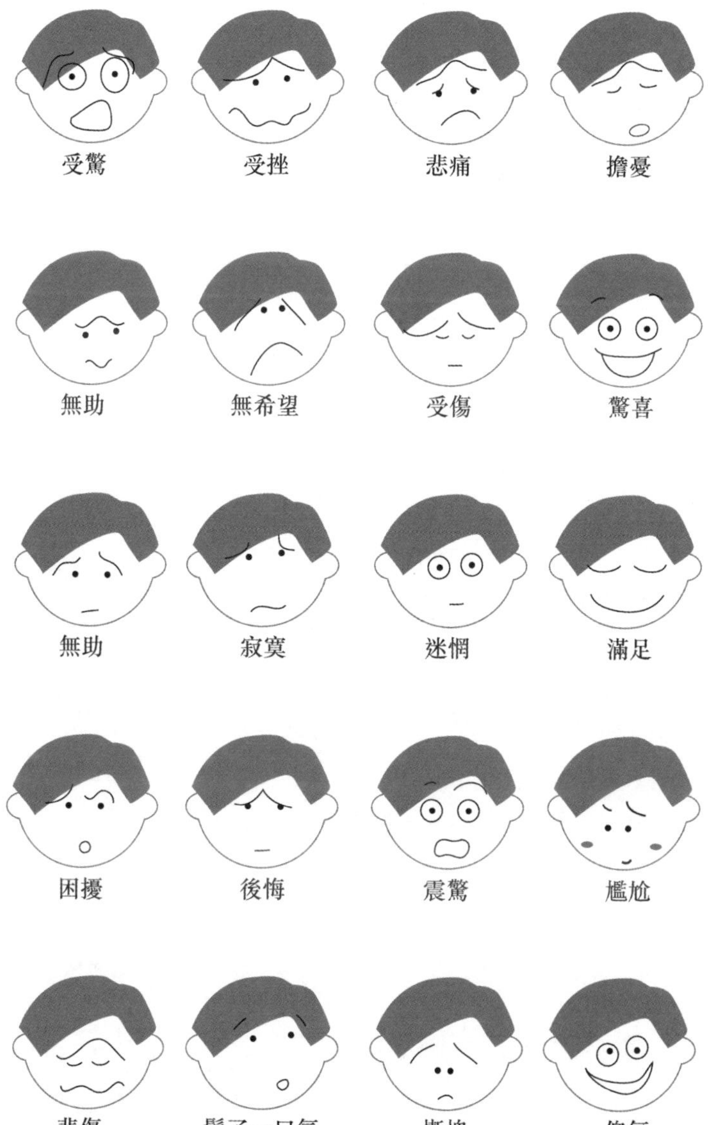
受驚
受挫
悲痛
擔憂
無助
無希望
受傷
驚喜
無助
寂寞
迷惘
滿足
困擾
後悔
震驚
尷尬
悲傷
鬆了一口氣
慚愧
傻氣

又說：「你若留意聽耶和華你神的話，又行我眼中看為正的事，留心聽我的誡命，守我一切的律例，我就不將所加與埃及人的疾病加在你身上，因為我耶和華是醫治你的。」 (出十五26)

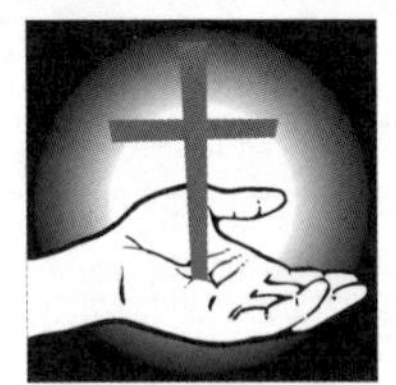

拉法基金會
RAPHA Foundation

<u>使命宣言</u>

我們被呼召，去尋找受傷的羊，
與他們一同經歷十字架的醫治大能，
使人們從黑暗中被釋放出來，
活出基督豐盛的主生命。

基金的異象

面對教會很多弟兄姊處於心靈極度的痛苦中，因經濟資源的限制，未能尋求專業的輔導。我們領受從神而來的異象，去為一羣需要尋求專業私人執業的資深輔導/心理醫生的弟兄姊成立一個基金，命名拉法，因為耶和華拉法是醫治的神！而本書的所有作者版權收益，亦將全數奉獻給基金，為這羣有需要人士提供協助。

拉法基金相信要徹底地幫助心靈困擾者，需要多方面去配合，使他們得到整全的醫治。更深信神的醫治源自於教會的羣體，教會在人心靈創傷的醫治中扮演重要角色，配合輔導員/治療師專業的分析和指引，與及其他屬靈操練和小組支援，會加速治療果效，並且給受助者很重要的支持和鼓勵。當受助者遇到挫折、想放棄時，往往因為教會弟兄姊妹的奉獻使他們感受到支持和幫助，以致他們願意繼續前進，不想辜負奉獻者對他們的一份心意，這心靈的強心針是面對痛苦的強大支持。

基金的使命

拉法基金的異象包括以下四個使命：

1. 資助需要專業輔導/治療的情緒困擾者
2. 在醫治心靈創傷的事奉中與教會合作，加強教會成為一個醫治的羣體
3. 實踐一個與信仰結合的醫治理念
4. 提供一個平台讓一羣基督徒專業輔導/治療師/心靈醫治工作者去探討信仰與心理學的結合

整合的醫治

拉法基金是一個從探討中去實踐基督教理念的心靈醫治概念！

在基督裏的整合醫治來自以下各種渠道，神著這些不同形式給予我們心靈的幫助和醫治：

1. 心理學的分析(心理測驗及認識自己的情緒和性格)
2. 專業的輔導/治療
3. 教會羣體的接納與同行
4. 神的話語
5. 聆聽神、與神相遇
6. 禱告的醫治
7. 小組的分享

基金的實踐

1. 資助有需要人仕接受專業輔導/心理評估

由於教會在整全的醫治扮演重要的角色，因此，申請者需要先經教會轉介，教會並需承諾負起同行者之角色，給予靈命和心靈上的支持。接到教會的轉介，基金會派個案員與教會及受助者聯絡，進一步了解情況，然後將個案提交基金之評估小組審批。評估小組審批後，便會安排受助者做心理測驗評估，並按受助者的情況或他們的需求安排合適之專業輔導/心理治療。所有參與的專業輔導都是基督徒，他們會收取遠低於正常的收費，以及提供半價的心理測驗，作為他們對受助者的支持。受助者需按經濟情況負擔部份費用，而餘額則由基金與教會分擔。

2. 輔助的課程

除了心理測驗評估及專業輔導/心理治療外，基金亦會免費為受助者及教會提供一系列之訓練課程，包括：情緒處理、靈命更新、禱告醫治，加強他們對聖經真理的認識，並且建議操練安靜、獨處、靈修及退修，學習聆聽神的聲音和帶領，和經歷神的大能。整個過程裏都會有個案員緊密地跟進個案，並和參與的專業輔導、教會和受助者保持聯繫。完成一系列的課程後，受助者可以參加每月一次之聚會，鞏固他們在課程中所學的材料，鼓勵他們繼續在生命中實踐出來，也可以持續跟進及關顧受助者的情況。

3 與教會合作，培訓關顧輔導人才

基金會與教會廣泛接觸、聯繫和一起合作，了解教會在提供關顧輔導上之具體需要，提供合適之培訓課程，裝備教牧同工及關顧領袖，培訓更多的同行者關懷有需要的人，並且幫助教會在禱告、靈修操練、靈命的指引和情緒的處理上更大地發揮醫治的果效。

4 建立交流平台，探討信仰與心理輔導的整合

基金會不時舉辦講座及交流會，連繫基督徒專業輔導/治療師及心靈醫治者，共同探討與信仰結合的醫治理念，幫助心靈困擾的人，使他們得著更整全的釋放和醫治。

基金的呼喚

你是否也願意支持這個事工？我知道這本書的版權收益是很少的，但是我希望獻上小小的五餅二魚，希望給神使用！雖然基金開始的過程很艱巨，但是神的確有預備，為我們安排不同的基督徒顧問、評估小組的成員、律師、核數師、設計師、網頁設計、拍攝剪輯等可以義務幫我們！同樣，我也深信深信神愛這羣有情緒困擾的朋友，神的心意是醫治他們，你是否願意加入這事奉行列中？你可以經濟上支持我們、成為我們的義工、禱告上記念我們或參與基金舉辦的課程，身體力行去關心身邊有情緒困擾的朋友。

看哪，我要作一件新事；如今要發現，你們豈不知道嗎？我必在曠野開道路，在沙漠開江河。野地的走獸必尊重我；野狗和鴕鳥也必如此。因我使曠野有水，使沙漠有河，好賜給我的百姓、我的選民喝。 (賽四十三19~20)

希望你填寫以下的回應表並寄回給我們

地址：香港銅鑼灣紀利佐治街一號金百利中心十七樓1703室

我願意

- ☐ 在禱告中記念拉法基金的事工
- ☐ 成為拉法基金的義工
- ☐ 收取拉法基金舉辦的課程資料
- ☐ 以劃線港幣支票/港幣匯票一次過奉獻 $ ____________________
  〔抬頭寫「拉法基金會有限公司」〕
- ☐ 需要奉獻收據(由於拉法基金現正申請免稅奉獻收據，收據將會稍後寄上。)

回應者資料

姓名：(中) ____________________ (英) ____________________

(教會/牧師/傳道/先生/小姐)

年齡：☐15歲以下 ☐16-30歲 ☐31-45歲 ☐46歲以上

職業：____________________

電話：(日間) ____________________ (晚間) ____________________

所屬教會：____________________

通訊地址：____________________

電郵：____________________

拉法基金會

顧問：蕭壽華牧師、蔡元雲醫生、蕭宏展醫生、李耀全博士、康貴華醫生

評估小組：陳秀芬醫生、呂宗樂博士、黃麗彰小姐、葛琳卡博士

總幹事：葛琳卡博士

推廣策劃：王德成先生

司庫：曾寶儀小姐

電話：2600-4288　　傳真：3520-4747

電郵：info@raphahk.org

網址：http://www.raphahk.org

地址：香港銅鑼灣紀利佐治街一號金百利中心十七樓1703室

策略性牧養輔導——一個短期有系統的模式

Strategic Pastoral Counseling

貝內爾（David G. Benner）著／陳永財 譯／ HK$98

怎能饒恕——策略性牧養輔導

Understanding & Facilitating Forgiveness

羅伯特·哈維（Robert W. Harvey）、貝內爾（David G. Benner）著／陳永財 譯／ HK$108

癌病中的盼望——怎樣幫助癌症患者

Counseling People with Cancer

珍·艾特雷-康頓（Jann Aldredge-Clanton）著／羅燕明 譯／ HK$78

緊扣時代 服事教會

以文字傳揚基督真道

讀者意見表

衷心多謝你購買本社書籍。本社一直致力以出版事工服事教會，幫助信徒扎根於神的話語，促進靈命增長。為使我們的出版更能滿足你的需要，請填寫下列各項資料，並寄回或傳真予本社。

所購書籍：________________

本書最吸引你的地方：

□作者　□適切性　□文筆　□設計　□實用性

□其他：________________

購買本書地點：

□基道書樓　□基督教書店　□非基督教書店

性別：□男　□女　職業：________________

信仰：□基督徒　□非基督徒

年齡：□ 16 歲或以下　□ 17～25 歲　□ 26～35 歲

□ 36～55 歲　□ 56 歲或以上

學歷：□中三或以下　□中五　□預科

□大學　□研究院

□我欲更多了解基道出版社的事工及考慮支持，請寄給我下列資料：

□機構簡介　□新書資料　□基道會員通訊

□《基道文字事工通訊》

姓名：________________ 電話：________________

地址：________________

____

傳真：________________ 電子郵件：________________

其他意見：________________

____

多謝賜教！

意見表可以傳真（2687-0281）或直接郵寄以下地址：
香港沙田火炭坳背灣街26號富騰工業中心1011室
基道出版社編輯部收